NOUS, LES HOMMES
DU COMMANDO KIEFFER

Du même auteur

Atlas de la Libération de la France, 6 juin 44-8 mai 45, Paris, Autrement, 2004.

La Libération de la France, Bayeux, Orep, 2007.

Les Raids des Commandos alliés en Normandie avant le Débarquement, 1940-1944, Rennes, Ouest-France, 2010.

Commandant Kieffer. Le Français du Jour J, Paris, Tallandier, 2012 ; coll. « Texto », 2018.

Chronographie du Débarquement et de la Bataille de Normandie, Rennes, Ouest-France, 2014.

Les 177 Français du Jour J, Paris, Tallandier, 2014 ; coll. « Texto », 2019.

Les Poches de l'Atlantique. Les batailles oubliées de la Libération, Paris, Tallandier, 2015 ; coll. « Texto », 2019.

Maquis et maquisards. La Résistance en armes, 1942-1944, Paris, Belin, 2015.

Les Français dans le Débarquement, Bayeux, OREP, 2019.

Ils ont choisi la mort plutôt que le déshonneur. 1939-1945, Paris, Tallandier, 2023.

L'Épopée du Normandie-Niémen. Des Français libres sur le front de l'Est, 1942-1945, Paris, Tallandier, 2023.

En collaboration :

Dictionnaire de la France libre, François Broche, Georges Caïtucoli, Jean-François Muracciole (dir.), Paris, Robert Laffont, coll. « Bouquins », 2010.

La France pendant la Seconde Guerre mondiale. Atlas historique, Jean Quellien, Françoise Passera, Jean-Luc Leleu, Michel Daeffler (dir.), Paris, Fayard/SGA/DMPA, 2010.

Atlas de la Seconde Guerre mondiale. La France au combat : de la drôle de guerre à la Libération, en collaboration avec Christophe Prime, Paris, Autrement, 2015.

Sur les traces du Commando Kieffer, en collaboration avec Gilles Vilquin, Royaume-Uni, Schneider Média, 2017.

STÉPHANE SIMONNET

NOUS, LES HOMMES DU COMMANDO KIEFFER

Récits du 6 juin 1944

TEXTO

Texto est une collection des éditions Tallandier

Ces retranscriptions ont été faites à partir des entretiens oraux
collectés auprès des vétérans par les équipes du Mémorial
de Caen entre 2001 et 2004.
Ces entretiens sont conservés aujourd'hui dans les archives
du Mémorial de Caen et sont mis à la disposition
des chercheurs.

48, rue du Faubourg-Montmartre – 75009 Paris
www.tallandier.com

Introduction

La plupart d'entre eux ne s'étaient jamais livrés. Ces octogénaires paisiblement retirés de la vie publique gardaient enfouis au fond d'eux-mêmes les souvenirs de ce moment particulier que fut leur été 1944 en Normandie. Pour certains, cette mémoire se ravivait le temps des cérémonies du 6 juin, à Colleville-Montgomery ou à Ouistreham Riva-Bella, là où ils s'étaient illustrés dans les combats de la Libération, avant de s'estomper une fois les hommages rendus en leur honneur, en l'honneur de ce qu'ils étaient devenus au fil des années... de valeureux vétérans du Commando Kieffer. Pour d'autres qui se tenaient à l'écart des plages du Débarquement, ou qui avaient décidé de ne plus en parler, la page semblait avoir été tournée, seuls leur famille et leur entourage proche ayant droit par moments au récit de leur passé militaire. Un point commun unissait pourtant tous ces hommes au crépuscule de leur vie : ils n'avaient pas hésité à sacrifier leur jeunesse pour défendre leur pays, laver la honte de la défaite de 1940, avec ce risque ultime, celui d'y laisser leur vie. Ils avaient abandonné leur métier, renoncé au confort d'un foyer, quitté leurs amis, leur famille, parents, frères et sœurs. Les uns avaient traversé les mers, les autres franchi les Pyrénées pour répondre à l'appel du général de Gaulle et rejoindre l'Angleterre restée seule en guerre face à l'Allemagne nazie.

Devenus commandos de la France libre, ils avaient connu le baptême du feu en Normandie, surmonté leurs doutes, affronté toutes les peurs. Certains avaient vu mourir à côté d'eux leurs camarades. D'autres avaient été grièvement blessés, laissés pour morts sur la plage… Le 6 juin 1944, ils avaient entre 18 et 30 ans, la majorité d'entre eux avait une vingtaine d'années… Leur engagement, dans les rangs de la France libre puis dans l'armée des commandos britanniques, ne devait finalement constituer qu'une brève parenthèse dans le cours de leur longue vie. Pour autant, aucun de ces combattants volontaires ne devait oublier ce qu'il avait vécu durant ces cinq années. Aucun ne devait en sortir véritablement indemne.

C'est de cette expérience de la guerre, intime et souvent enfouie, que ces vieux soldats ont bien voulu témoigner en acceptant de m'ouvrir leurs portes lorsqu'ils furent sollicités. Avec cette double et légitime interrogation de leur part : pourquoi s'intéresser si tardivement à eux, soixante ans après leurs faits d'armes à Sword Beach, et que pourrait bien apporter de si intéressant à l'histoire le récit des simples soldats qu'ils étaient durant ces trois mois de guerre en Normandie ? À quoi bon ? Et pourtant, tous ont joué le jeu…

Vingt-huit « anciens » du Commando Kieffer ont donné leur accord. S'est ensuivi un vaste tour de France entre 2001 et 2004 pour aller à leur rencontre, de la Bretagne à la Normandie, en passant par la région parisienne et le sud de la France. Méfiance, retenue et enthousiasme ont successivement dominé nos séances d'entretien, sur le coin d'une table de cuisine, dans l'intimité d'un bureau de travail ou parmi les souvenirs familiaux d'une salle à manger. Les albums photos ont quelquefois été ressortis des armoires, des membres de la famille se sont joints à l'entretien, écoutant pour la première fois les paroles du mari ou du patriarche. À chaque fois, l'émotion s'est invitée, masquée ou affichée sans fard selon les tempéraments et la nature de chacun. Vingt-huit récits de vie inédits ont ainsi été collectés et vingt-deux d'entre eux ont été choisis pour donner corps à cet ouvrage. Quatre témoins sont malheureusement partis au cours des séances d'entretien. Pierre-Charles Boccadoro, Albert Archieri, Ouassini Bouarfa et Marcel Gannat n'ont ainsi pu livrer leurs souvenirs du Jour J. Pour deux autres, Joseph Madec et René Navrault, il leur a été impossible d'évoquer le Débarquement, ces deux vétérans ne faisant plus partie ce jour-là du Commando Kieffer. Portés disparus au cours du raid de Gravelines en décembre 1943, ils ne rejoindront leur unité qu'après la libération de Paris. Mais les paroles de ces deux hommes, que tout le monde croyait morts, sont bien là, malgré tout, dans ce livre.

Aujourd'hui, vingt ans après le début de cette enquête, il n'y a plus aucun survivant du Commando Kieffer depuis la disparition en juillet 2023 de Léon Gautier, le dernier du groupe des 177 Français qui avaient participé au Jour J. Ils venaient des quatre coins du pays, de l'outre-mer et des colonies. Parmi eux, des Bretons, des Alsaciens et des Normands, des Français de Tunisie, de Nouvelle-Calédonie et d'ailleurs, des hommes qui croyaient au ciel et d'autres qui n'y croyaient pas, des ouvriers et des bourgeois. Ils étaient les hommes du Commando Kieffer.

Retour sur l'histoire de cette unité d'élite…

Brève histoire du Commando Kieffer

Lorsqu'elle débarque en Normandie, cette unité des FFL[1] est composée de volontaires ayant pour la plupart rejoint la France libre dès 1940. À leur tête, un homme de 40 ans, Philippe Kieffer, sous-lieutenant interprète de réserve, engagé volontaire en 1939 dans l'armée de terre puis dans la marine où, affecté dans un état-major à Dunkerque, il a assisté au désastre des armées françaises en mai 1940. Il est parvenu à quitter la France le 18 juin 1940 à bord d'un chalutier belge, pour rejoindre l'équipage du cuirassé *Courbet* réfugié en rade de Portsmouth en Angleterre. Kieffer entend y rejoindre les rangs des FFL que de Gaulle organise à Londres et qui se battent alors en Afrique. Mais c'est le succès d'un raid anglais mené le 4 mars 1941 sur les îles Lofoten au large de la Norvège qui retient toute son attention. Pourquoi une telle action engagée par des commandos britanniques ne pourrait-elle pas être lancée de la même manière par des commandos français, et sur les côtes françaises ?

Kieffer entretient l'amiral Muselier, le commandant des FNFL, de son projet de création d'une unité composée de commandos français. Le patron des FNFL se

1. Voir la liste des sigles, p. 299.

laisse plus facilement séduire que les Britanniques, peu disposés à ouvrir leurs prestigieuses unités à des soldats étrangers. Affirmant qu'il pourra recruter des marins français « connaissant chaque caillou de la côte », Kieffer obtient finalement, en décembre 1941, l'autorisation pour le recrutement des premiers volontaires. Celui-ci commence rapidement parmi les unités FNFL basées autour de Portsmouth. Les premiers entraînements débutent au camp des FFL à Camberley. Marins, légionnaires et fusiliers marins constituent le noyau des commandos, complété par quelques punis à qui l'on propose d'effacer leur peine. L'entraînement est calqué sur le modèle britannique : marches forcées, séances de tir, maniement d'explosifs, combat à mains nues ou au couteau. La cadence imposée par Kieffer aboutit à une sélection très sévère. Vingt-neuf hommes sont retenus pour former, à la fin du mois de mars 1942, la 1re compagnie de fusiliers marins.

Les entraînements suivants s'effectuent avec les unités des Royal Marines à Skegness, au nord de Londres. Encadrés par des instructeurs britanniques, les futurs commandos français s'aguerrissent un peu plus sous les ordres de Kieffer et de son adjoint Jean Pinelli, tandis qu'au camp de Camberley, d'autres volontaires s'entraînent sous la conduite du capitaine Charles Trépel. À la fin de ces stages, les hommes de Kieffer sont admis à suivre la formation des commandos au camp d'Achnacarry au nord de l'Écosse, en avril 1942. Ils sont les premiers étrangers à être ainsi admis dans cette école de commando. La deuxième équipe de volontaires constituée par Trépel est admise à son tour à Skegness à partir du 11 juin 1942. En juillet, les hommes de

Kieffer, brevetés commandos, intègrent le Commando n° 2 stationné au camp de Ayr, en Écosse. Le 14 juillet 1942, ils sont à Londres pour le défilé voulu par le général de Gaulle. Les hommes de Kieffer intègrent au mois d'août le Commando interallié n° 10, installé à Criccieth, au pays de Galles, où ils poursuivent leur entraînement.

Quinze hommes sont alors choisis pour participer au raid sur Dieppe. Sous la conduite de l'officier Francis Vourc'h, les commandos français rejoignent leurs trois unités, dont les Commandos n° 3 et n° 4. L'objectif : la batterie allemande de Varengeville. Le 19 août, ils font partie des 6 000 hommes de l'opération « Jubilee » qui se ruent vers les différentes plages de Dieppe. Les commandos parviennent à s'infiltrer dans les réseaux de défense ennemis. Mais très vite, les Allemands reprennent le dessus, le débarquement tournant à la déroute, surtout pour les Canadiens à Dieppe, même si les hommes du Commando n° 4 débarqués à Vasterival ont rempli leur mission. Parmi les quinze Français, tous ne rentrent pas : l'un a perdu la vie, un autre a été capturé.

Au cours de ce même mois d'août 1942, de nouveaux contingents portent l'effectif de la troupe de Kieffer à 81 hommes. Rassemblée dans le sud de l'Angleterre à Eastbourne en mai 1943, l'unité française adopte définitivement le béret vert des commandos britanniques.

À l'heure où des commandos français s'installent à Eastbourne, d'autres Français volontaires pour la France libre et les commandos, des fusiliers marins du 2e bataillon de retour du Liban, y sont rassemblés sous la conduite d'Alexandre Lofi. Pris en charge en Angleterre par Trépel, quarante-cinq marins, rejoints par des évadés de France ou d'Afrique du Nord, gagnent Achnacarry à la fin du mois de juin 1943, pour y subir pendant un mois le même entraînement que leurs prédécesseurs. Brevetés commandos le 29 juillet 1943, ils forment une nouvelle troupe, la troop n° 8. Le bataillon n'a cependant toujours pas fini de s'étoffer. En septembre 1943, le lieutenant Pierre Amaury constitue un groupe qu'il forme et entraîne en novembre au camp de Bir-Hakeim à Portsmouth, puis au centre d'entraînement commando de Wrexham. La moitié des nouveaux brevetés est alors répartie entre les troops n° 1 et 8, l'autre moitié devant former une section de mitrailleuses lourdes, la K Gun. En octobre 1943, les troops n° 1 et 8 sont pour la première fois rassemblées à Eastbourne. À partir de cet instant, les bérets verts français sont considérés comme opérationnels.

Les raids de sondage sur les côtes occupées

C'est durant l'hiver 1943-1944 que les Opérations combinées les désignent pour mener des raids sur les côtes françaises, les Pays-Bas et les îles Anglo-Normandes. Près de quatre-vingts commandos français sont choisis pour douze opérations programmées sous le nom de code « Hardtack » et prévues entre le 25 et le 27 décembre 1943. Plusieurs raids se succèdent alors avec le même objectif : tenter de ramener un prisonnier et le maximum de renseignements sur les systèmes de défense allemands.

Si les opérations sur Varreville-la-Madeleine, Quinéville ou Middelkerke se déroulent sans réelle difficulté et sans pertes, il n'en va pas de même pour certains raids qui sont catastrophiques et meurtriers, comme sur les îles de Jersey ou Sark. Ou encore à Gravelines, où l'équipe débarquée au cours de la nuit de Noël 1943 se retrouve piégée sur la grève au moment de réembarquer. Elle perd son chef, Pierre Wallerand, et un sergent anglais qui se noient tandis que les sept hommes restés sur la plage sont livrés à eux-mêmes, devant se constituer prisonniers ou prendre la fuite. Enfin, du raid mené à Scheveningen, sur les côtes néerlandaises, dans la nuit du 27 au 28 février 1944, l'équipe de l'adjoint de Kieffer, Charles Trépel, ne revient pas. La perte de Wallerand puis de Trépel et de ses hommes constitue un sérieux coup pour les commandos français. L'opération de Scheveningen est la dernière qui soit confiée aux hommes de Kieffer avant le 6 juin 1944.

En avril 1944, le bataillon français, riche de cent quatre-vingts hommes, devient le 1er BFMC. Il est rattaché au Commando n° 4 du colonel Dawson, lui-même intégré à la 1re brigade spéciale de Lord Lovat. Le 25 mai 1944, le Commando Kieffer rejoint le camp de Titchfield. C'est là, consignés entre Portsmouth et Southampton, que les Français découvrent leur mission : la prise des points forts de Riva-Bella et du casino de Ouistreham – du moins ce qu'il en reste après sa destruction par les Allemands –, la jonction au pont de Bénouville avec la 6e division aéroportée britannique, enfin, le maintien de la tête de pont ainsi créée à partir d'Amfreville, au nord-est de Caen.

Le débarquement en Normandie

Rassemblés le 5 juin, les hommes embarquent à bord de deux LCI, les plus petits bateaux capables de traverser la Manche. Sur le LCI n° 527 prennent place Kieffer et son PC, la troop n° 1 et une moitié de la section K Gun. Sur le LCI n° 523 s'installent la troop n° 8, la seconde moitié de la section d'Amaury et une autre des radios du Commando n° 4.

À l'aube du 6 juin, les hommes de Kieffer ont le privilège de débarquer les premiers sur le secteur britannique de Sword. À 7 h 30, les deux barges s'échouent sur la plage à La Brèche, lieu-dit de Colleville. Malgré l'importante préparation d'artillerie des Alliés, les Allemands sont parvenus à déclencher un véritable tir de barrage qui, de Merville à Lion-sur-Mer, balaie toutes les zones du Débarquement. Aucune des deux embarcations n'est cependant touchée, même si les passerelles de la barge n° 527 sont emportées par un tir d'obus. Les hommes du LCI n° 523 atteignent rapidement le haut de la plage, alors que ceux de la troop n° 1 ont plus de difficultés à s'extraire de leur bateau. Les premiers hommes sont touchés, à commencer par Kieffer.

Sitôt les barbelés coupés, les commandos se rassemblent dans les ruines d'une ancienne colonie de vacances. Kieffer dresse un premier bilan : pour la seule troop n° 1, 5 morts, 28 blessés et 115 valides.

La troop n° 8 doit réduire les points d'appui allemands sur la plage en direction de Ouistreham. La troop n° 1 se dirige directement vers son objectif, le casino. La section K Gun, très vite assaillie par des tirs de mitrailleuse,

Le parcours du Commando Kieffer en Normandie (7 juin-6 septembre 1944)

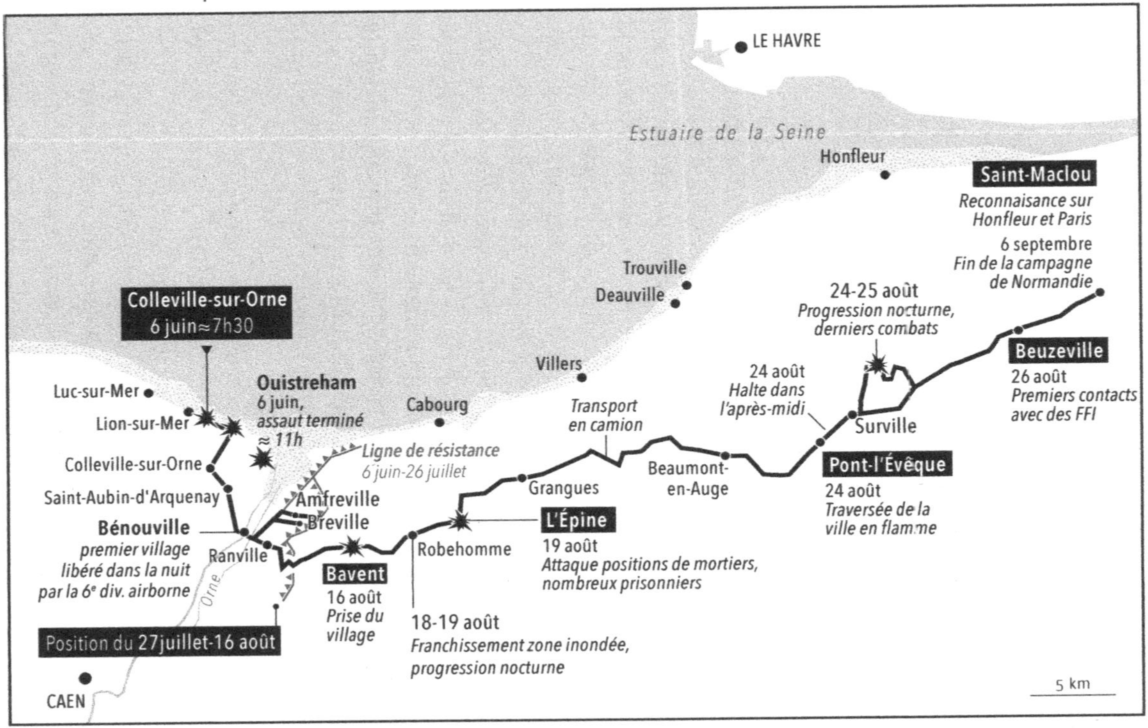

accumule les pertes. La troop n° 1 est parvenue à son objectif, mais reste bloquée par un fossé et un mur antichar. Malgré plusieurs salves contre le bunker, Kieffer doit constater que ses armes antichars ne suffiront pas. Autour de lui, ses hommes continuent de tomber. Il n'a d'autre solution que de s'emparer d'un char du 18e hussars qui vient d'arriver à Ouistreham. Ses tirs d'obus, combinés à une double attaque des Français sur les flancs, réduisent au silence les tireurs du casino. Il est midi lorsque l'ensemble des combattants français se rassemble là où ils avaient laissé leurs sacs. Les pertes sont de 66 hommes, dont 10 tués.

La campagne de Normandie

Les Français s'engagent ensuite en direction de Saint-Aubin-d'Arquenay. Les objectifs sont maintenant les suivants : alors que le 45e Royal Marines Commando doit s'emparer de Sallenelles, Merville et Franceville, les Commandos n° 3 et n° 6 d'Amfreville, le Commando n° 4 doit s'installer au hameau de Hauger, au nord d'Amfreville. Bénouville est atteint vers 16 heures et la jonction avec la 6e division aéroportée britannique s'effectue devant la mairie du village. Le passage du canal est aisé alors que celui du pont de Ranville présente plus de difficultés, les Allemands ayant installé tout près des mitrailleuses lourdes et des mortiers. Les pertes s'accumulent ainsi jusqu'au carrefour de l'Écarde au nord-est de Bénouville. Les bérets verts progressent jusqu'au Plain, position surélevée à Amfreville, qu'ils atteignent vers 20 heures.

Les différentes troops s'y installent rapidement, s'enterrant pour se mettre à l'abri des tirs des Allemands tenant Bréville et Bavent. Une guerre de position semble se dessiner, même si quelques incursions de patrouilles sont organisées. La riposte ne se fait pas attendre. Le 10 juin commence en effet un tir de mortiers d'une intensité sans précédent sur les positions franco-britanniques. Les troops françaises sont violemment touchées. Le lendemain, la troop n° 1 qui tient le carrefour de l'Écarde est attaquée sur la route de Cabourg et perd encore cinq hommes. Depuis le 9 juin, Kieffer et Dawson, tous deux blessés et évacués vers l'Angleterre, ont confié le commandement du bataillon français à Alexandre Lofi.

Pendant deux mois, les commandos occupent des positions à Hauger, Amfreville, Bréville. Puis, ils arrivent au nord-ouest du bois de Bavent. Le 16 août, l'ensemble de la 1re brigade britannique fait mouvement vers le nord-est. Bavent, investi par les commandos, est libéré sans combat, l'ennemi ayant quitté ses positions durant la nuit. Les commandos se lancent alors à sa poursuite jusqu'au 21 août 1944, date à laquelle ils le rattrapent à hauteur de Putot-en-Auge. Après de violents combats causant de sérieuses pertes aux deux camps, les Allemands se replient. Les deux troops françaises et la K Gun prennent alors des camions au nord de Dozulé, mais l'ennemi fuit toujours. Cette course-poursuite les conduit jusqu'à Pont-l'Évêque le 24 août, puis devant Beuzeville le lendemain.

Pour ces soldats qui ne sont pas équipés pour ce type de combats, c'est la fin de la campagne de Normandie. Ils restent cependant autour de Beuzeville jusqu'au début du mois de septembre 1944, avant de regagner l'Angleterre par le port artificiel d'Arromanches. Trois mois après leur débarquement, les hommes de Kieffer arrivent ainsi au camp de Petworth. Permissions, repos, reprise de l'entraînement mais aussi nouvelles recrues attendent les commandos. Après la Normandie, ils comptent leurs pertes : 114 officiers, gradés et matelots, dont 21 tués.

Le débarquement à Flessingue et la campagne de Hollande

Dès le 1er novembre 1944, le bataillon est à nouveau engagé dans des opérations de débarquement avec le Commando n° 4 aux Pays-Bas. Philippe Kieffer, promu capitaine de corvette, commande toujours les deux troupes confiées à Alexandre Lofi et à Guy Vourc'h. Une troisième viendra les rejoindre en décembre 1944, avec à sa tête le capitaine Willers.

Intégrés à la 4e brigade spéciale, les Français sont placés sous le commandement de la 1re armée canadienne missionnée pour libérer les îles de Beveland et de Walcheren, à l'embouchure de l'estuaire de l'Escaut encore aux mains des Allemands. Le Commando n° 4 est chargé de débarquer à Flessingue, ville portuaire au sud de Walcheren. Embarquée à Breskens, sur la rive gauche de l'estuaire de l'Escaut, l'unité française débarque le 1er novembre à Flessingue, peu avant 7 heures du matin. La conquête de la ville se termine le 2 novembre en fin de matinée. Cinq commandos français sont tombés au cours de l'assaut et durant la bataille. Le 3 novembre, le bataillon marche vers

Westkappelle, à l'ouest de l'île, pour poursuivre les combats qui s'achèvent une semaine plus tard.

En poste face à l'île de Schouwen encore tenue par l'ennemi, le bataillon français participe à la mise en défense de l'île de Beveland-Nord, en exécutant des missions offensives à bord de LCA. Des raids sont lancés sur Schouwen en janvier et en février 1945, contre des garnisons ennemies totalement isolées et assiégées depuis l'échec de la contre-offensive allemande des Ardennes. La série d'incursions sur l'île se clôt par une dernière mission confiée à la troop n° 5 dans la nuit du 11 au 12 mars 1945. Ces opérations, qui correspondent en tout point à la mission de type commandos de marine, concluent la participation du 1er BFMC à la phase finale de l'assaut allié sur l'Allemagne.

Les derniers mois du 1er BFMC sur le théâtre des opérations

La guerre n'est pas terminée, mais le bataillon subit déjà depuis le début de l'année des départs, des mutations, notamment des vétérans de la première heure. Philippe Kieffer, qui tient à maintenir un tissu dynamique au sein de son unité, multiplie les voyages à Londres et à Paris pour préparer l'avenir du bataillon après la guerre, avec l'idée d'en faire une troupe de choc de la marine.

Sur le terrain, le 1er BFMC fait mouvement sur Walcheren le 13 mars 1945, puis sur le continent à Bergen-op-Zoom. Après le 8 mai 1945, il participe à l'occupation de l'Allemagne, chargé notamment de la surveillance d'un camp de prisonniers allemands à

Recklinghausen, dans la Ruhr. L'unité française reçoit l'ordre de se préparer à repartir pour l'Angleterre le 20 juin 1945. Elle retrouve la caserne britannique de Bir-Hakeim le 2 juillet. Désormais confié au commandement d'Alexandre Lofi, le bataillon entame sa phase de démobilisation et disparaît de fait en juillet 1945 dans la plus grande discrétion.

Jean Morel
21 ans le 6 juin 1944
© DR.

Jean Morel

(1922-2019)

Jean Morel est né à Paris, le 27 septembre 1922. Après une scolarité à Saint-Malo jusqu'à l'âge de 16 ans, il entre en 1939 à l'École des mousses, à Brest. À l'issue de sa formation, il s'engage en novembre 1939 dans la marine nationale pour faire son apprentissage en tant que radio. À bord du *Pourquoi pas*, un sablier de 8,50 mètres, Jean Morel et trente et un autres passagers réussissent à quitter le port de Carantec, puis à rallier Plymouth le 4 juillet 1940, après trente et une heures de traversée. Jean Morel fait alors le choix de la France libre et signe son acte d'engagement le jour même de son arrivée.

Transféré au dépôt de l'Olympia Hall à Londres, il embarque à bord de la *Reine des flots* où il croise de futurs commandos comme Briat, Le Gall, Klopfenstein. Remis en dépôt sur le bâtiment l'*Arras* à Portsmouth, il rencontre de futurs camarades de combat comme Balloche, Vourc'h et Chapuzot. C'est au cours de cette période que Philippe Kieffer lui parle de sa future unité militaire pour laquelle il recherche un opérateur radio. Au début de l'année 1942, Jean Morel s'engage alors dans les commandos. Après le stage d'Achnacarry en Écosse, sa troop s'installe à Ayr puis à Criccieth, au pays de Galles.

Il participe au défilé du 14 juillet 1942 devant le général de Gaulle puis rejoint la ville d'Eastbourne et le Commando n° 4 du colonel Dawson. Jean Morel est détaché de la troop n° 1 pour devenir instructeur à la troop n° 8. Il fait ensuite partie d'une équipe formée à Ringway pour un raid parachutiste sur Lorient, qui n'aura jamais lieu.

*

Démobilisé à Cherbourg en 1946, Jean Morel exerce de nombreux métiers : démineur, docker, électronicien. Ce n'est qu'en 1983, de passage en Normandie et en visitant le nouveau musée consacré au Commando n° 4 à Ouistreham, qu'il retrouve la plupart de ses anciens camarades dont Léon Gautier. Jean Morel a vécu de longues années à Saint-Malo, où il s'était retiré jusqu'à sa mort le 24 novembre 2019.

French never forget love

Au début de l'année 1944, on a intégré le Commando n° 4 de Robert Dawson. De Bexhill, on est partis dans un camp au secret, à Titchfield. On y est restés consignés pendant une dizaine de jours. On dormait sous des tentes. C'est là qu'on nous a montré les maquettes et les photographies aériennes de l'endroit où on allait débarquer. Les gars de Normandie connaissaient bien le coin, comme ce copain qui m'a dit : « Tu vois, c'est la rivière de l'Orne. » Ça nous a aidés. On a su tout de suite où on allait.

On nous faisait défiler par groupes devant la maquette du Débarquement. Ça se passait sous une tente. Sous d'autres tentes, il y avait différentes choses à voir, peut-être des photos, mais moi, je n'ai eu accès qu'à la maquette. Les Anglais nous expliquaient ce que nous devrions faire une fois là-bas. On ne pouvait pas prendre de notes, il fallait tout retenir.

Après, on a embarqué sur la barge n° 527, avec toute la troop n° 1. Il y avait aussi la troop n° 8 et la section de mitrailleuses K Gun. Les gars de la K Gun sont arrivés à Eastbourne assez tard, en février 1944. Quand elle a été formée, je faisais partie de la troop n° 9. Mais, pour les Anglais, on était tous des commandos FNFL, de la France libre. On avait des badges cousus sur nos manches : « France commando » et « FNFL ». On disait aux Anglais : « *French never forget love* », les Français n'oublient jamais l'amour !

Pour en revenir à la barge n° 527, j'ai embarqué avec Kieffer, Pinelli, Pépé Dumenoir, enfin, toute l'équipe. Pendant la traversée de la Manche, je n'ai pas tellement dormi, j'ai sommeillé. On avait ces petites boîtes qu'on frottait pour les réchauffer, elles contenaient un liquide chaud, une soupe de tortue. À bord, certains se reposaient, d'autres s'affairaient dans leur coin. Il y avait un poste avant, un poste arrière, et c'est tout... ce n'était pas grand comme bateau. À un moment, je suis sorti pour prendre l'air et pour pisser.

Quand on a vu la côte française, on a entendu un grand boum. C'était l'explosion de la passerelle avant de notre embarcation. Pépé était déjà descendu avec quelques autres. Quand notre tour est arrivé, on ne pouvait plus sortir. Alors le bateau de la troop n° 8 s'est positionné contre le nôtre. Il a fallu qu'on passe sur la barge n° 523 de la troop n° 8. Tous mes copains l'ont fait. J'étais le dernier, j'ai tendu mon arme, la Bren Gun, à Rollin. Manque de pot, à ce moment-là, les deux barges se sont écartées et je suis tombé au milieu. J'ai perdu mon sac qui me faisait piquer du nez, et mon fusil.

Quand je suis arrivé sur le sable, je n'avais plus d'arme, je n'avais plus rien. J'ai vu Kieffer couché sur la grève. Il m'a dit : « Fous-moi le camp ! » C'est comme ça que je suis arrivé sur la dune. Il y avait des morts sur la plage. J'ai ramassé un fusil et des grenades, tout ce que je pouvais. On a été regroupés troop par troop et Alexandre Lofi a pris la tête des opérations. Moi, j'étais toujours commandé par Lanternier, je le suivais avec le reste de ma section. Et on est partis vers le casino.

Le long du chemin qui y menait, il y avait des prisonniers allemands qui avaient été capturés. Avec les hommes de la troop n° 1, on est passés par la route de Lion, puis par celle qui descend sur le casino, qui était protégée par un mur, l'avenue Pasteur. Les Allemands nous tiraient dessus, sur notre gauche. Le docteur Lion a traversé la rue pour sauver Paul Rollin qui était touché, puis je ne l'ai plus revu. J'ai entendu que des gars de chez nous tiraient sur le casino depuis les fenêtres d'une maison. Alors j'ai vu Kieffer arriver sur un char. Il m'a dit : « Tu vas me chercher la troop n° 8, qu'ils arrivent par ici. » Je suis reparti et les premiers gars que j'ai vus étaient Roelandt et Saerens. Je leur ai demandé qu'ils se ramènent sur le casino parce qu'on avait besoin de renfort. Quand on est arrivés, il y avait déjà pas mal de gars de la troop n° 1.

Une fois le casino libéré et les Allemands capturés, on est revenus sur nos pas pour aller chercher nos affaires. Là, j'ai trouvé un sac qui était resté à l'abandon. Je ne savais même pas ce qu'il y avait dedans, ni à qui il était. Je l'ai pris, et je suis parti avec mon arme. On a marché en direction de Pegasus[1] en passant par Saint-Aubin-d'Arquenay. On a dû faire un arrêt parce que des snipers étaient installés dans le clocher de Bénouville. Il a fallu le contourner en file indienne pour aller reprendre le pont.

À Pegasus, il y avait des Anglais, des Airborne[2] qui étaient déjà arrivés. Je crois qu'ils étaient contents de nous voir, nous aussi d'ailleurs ! On était aussi un peu surpris de les trouver là. On a franchi le pont et on a vu des planeurs dans l'herbe. Alors on a compris tout le travail qu'ils avaient déjà accompli. Des Allemands tiraient sur l'autre rive, mais heureusement, sur chaque côté du pont, des tôles nous protégeaient. On a quand même eu des pertes. Celui qui était devant moi a été blessé, c'était Coppin je crois, celui qui me suivait aussi, je ne sais plus qui c'était. Et mon sac a été percé de part en part.

---

1. Pegasus Bridge est la dénomination anglaise du pont de Bénouville ou les hommes du Commando n° 4 devaient aller rejoindre la 6e division aéroportée britannique. Cette dénomination a été utilisée familièrement par les commandos immédiatement après la prise du pont.

2. Il s'agit des troupes parachutistes britanniques de la 6e division Airborne (6e division aéroportée britannique), arrivées sur ce secteur dans la matinée.

Ensuite, on est montés sur Amfreville. On devait arriver par l'arrière de l'église, par un chemin qui grimpe. Mais avant, on s'est arrêtés dans un troquet où on a trouvé du Pernod, des cigarettes, du miel... On a continué sur Amfreville. C'est sur ce petit chemin que Vinat a été tué, à l'Écarde. Derrière l'église d'Amfreville, il y avait une charrette et des chevaux. La troop n° 8 est passée sur la droite, là où il y a un café. La troop n° 1 s'est éparpillée. J'étais avec Boccadoro. On s'est creusé une petite tranchée protégée par des fagots. En face de nous, il y avait un nid de mitrailleuses allemand qu'on a réussi à battre. Mais on nous tirait dessus depuis un petit chemin qui menait à un champ. J'ai donc passé ma première nuit dans un trou avec Boccadoro.

On est restés quelques jours à Amfreville. On s'est installés en face de la ferme de Bernard Saulnier, derrière l'église. On nous tirait tout le temps dessus. On ne voyait pas les Allemands, mais on savait qu'ils avaient des Panzer ! Alors Lanternier a commencé à désigner des gars pour patrouiller. Un jour, Allain est revenu avec un Chleu. Il lui donnait des coups de pied dans le cul pour le faire avancer. J'ai vu beaucoup de choses, mais je ne peux pas toutes les raconter... Moi, c'est avec Scherer que je patrouillais. Lui, il parlait allemand. Il me disait toujours : « Jean, tu viens avec moi. » Alors à chaque fois, il fallait que je le suive. Un jour, dans une maison qui appartenait au garde champêtre, Scherer nous a fait un poulet au calvados et la gamelle a pris feu. On est pas mal allés du côté de la ferme Oger. Il y avait un champ et, au-dessus, les marais. Les Allemands se cachaient dedans. Avec

Scherer, on patrouillait souvent dans le bas pour voir s'il ne restait pas des Allemands isolés. Il y avait des petits blockhaus. Avec un Bangalore[3], Scherer en a fait sauter un qui avait encore son canon à l'intérieur. C'est Scherer qui l'a fait sauter, moi j'étais là, à attendre, pour le cas où un Allemand serait venu à sortir.

Le 10 juin, on a dû faire face à une contre-attaque allemande très dure. Ça y allait ! Essentiellement aux tirs de mortiers j'ai l'impression, car beaucoup de gars ont été touchés aux bras, aux jambes. Ce jour-là, Louis Bégot a été grièvement blessé.

Après, on a commencé à bouger et à gagner un peu de terrain. Les Anglais devaient nous remplacer, alors on a quitté Amfreville, et avant d'arriver à Bavent, j'ai eu mon coup dur : j'ai reçu des éclats dans les jambes. On m'a enlevé mon pantalon, il y en avait dix. Le petit Yves Quentric a roulé mon poignard dans mon béret, l'a mis dans mon *battledress* et il m'a ramené. Il m'a conduit dans une tente où il y avait plein de mecs allongés, tous blessés. J'ai été transporté, je ne sais pas comment, je ne me rappelle plus. Mais je suis arrivé en Angleterre par bateau. Puis on m'a amené dans un hôpital, je ne sais pas où. Et de l'hôpital, on m'a envoyé dans une maison de repos du côté de l'Écosse.

Quand je suis redescendu dans le sud de l'Angleterre, dans le camp de Petworth, tout le monde était rentré de Normandie. Comme j'étais inapte, Kieffer m'a renvoyé à la caserne Bir-Hakeim près de Portsmouth. C'est là

3. La torpille Bangalore est une charge explosive placée à l'extrémité d'un long tube télescopique.

qu'on m'a donné une permission pour aller voir ma famille. Je suis donc parti avec des béquilles. Je suis arrivé à Cherbourg, et de Cherbourg, j'ai pris le train pour Saint-Malo. C'était en septembre 1944. Ils étaient heureux de mon retour.

Tous étaient là, sauf mon frère qui était coincé dans la poche de Lorient. Mes parents avaient été sinistrés à Saint-Malo. Mon père, qui était voyageur de commerce, m'a raconté qu'il se trouvait à Bayeux pendant le Débarquement. Il avait assisté à l'arrivée du général de Gaulle, et là-bas, il avait su que j'étais aux commandos. Je ne sais pas comment, mais il l'avait su. Pas de chance, à ce moment-là je n'étais plus en Normandie, j'étais à l'hôpital... De son côté, mon père, qui connaissait un peu la France, avait pensé à un petit bled en Normandie pour se mettre à l'abri, loin des Allemands... à Villers-Bocage. Alors toute ma famille était partie s'y réfugier. Mon frère et une de mes sœurs y avaient été blessés, et mon cousin y avait été tué. Alors ils étaient tous retournés à Saint-Malo.

Pendant ma permission, il a fallu que je me démerde. Premièrement pour faire revenir mon frère de la poche de Lorient, deuxièmement pour trouver des meubles et un tas d'autres choses, parce qu'on n'avait plus rien. Je me suis aussi mis en quatre pour avoir du bois de chauffe. On avait des petits poêles au charbon et, à cette époque-là, un petit morceau de bois, ça ne se laissait pas traîner. Et je suis reparti à Cherbourg en tenue de marin. J'ai été démobilisé avant de retourner à Saint-Malo.

À la fin de la guerre, on m'a proposé une situation : infirmier. J'ai dit non, je n'avais jamais fait de piqûre.

Ensuite, on m'a offert de devenir gardien de cimetière militaire… J'ai refusé, j'ai préféré me débrouiller tout seul.

Entretien réalisé le 15 octobre 2003.

Léon Gautier (à droite)
21 ans le 6 juin 1944

Léon Gautier

(1922-2023)

Né à Rennes le 27 octobre 1922 de parents ouvriers, Léon Gautier devient apprenti carrossier avant de s'engager dans la marine nationale en septembre 1939, à 17 ans. Affecté à Brest en février 1940 comme apprenti canonnier à bord du *Courbet*, il se réfugie avec son navire en Angleterre le 19 juin 1940. Celui-ci ayant été réquisitionné par les Britanniques, il doit alors choisir entre l'engagement dans la Royal Navy et le rapatriement vers la France. Léon Gautier rejoint un camp d'internement à Haydock Park.

Apprenant la constitution d'une « armée de Gaulle », il décide d'en rejoindre les rangs. Avec deux camarades, il s'enfuit du camp, gagne Liverpool puis Londres, et s'engage dans les FFL le 13 juillet 1940. Il se retrouve rapidement au poste de chauffeur attitré de l'amiral Muselier, puis, en août 1940, embarque comme canonnier sur le cargo FNFL *Le Gallois*, opérant en convoi dans l'Atlantique Nord.

Blessé au cours d'une escale, il doit être rapatrié à Londres. Après sa convalescence, il est affecté pour trois mois au sous-marin *Surcouf*, avant d'intégrer un bataillon de fusilier marin. En avril 1941, il est dirigé vers Douala, en Afrique, où il rejoint le 2e BFM avec pour mission la surveillance des côtes et l'assemblage de camions américains destinés à la colonne Leclerc qui opère dans le Fezzan. Le 2e BFM quitte le Cameroun pour le Liban en décembre 1941 où, stationné à Beyrouth, il est employé dans des missions de défense côtière du pays.

À la dissolution du bataillon en mars 1943, Léon Gautier se porte volontaire pour un retour en Angleterre afin de continuer le combat dans les commandos. Débarqué à Liverpool, il est conduit à Londres en mai 1943 où il est incorporé directement, le 18 juin 1943, au sein du Commando interallié n° 10 pour participer à un préstage de sélection à Eastbourne avant de monter en Écosse pour le *training* commando. Breveté commando après le stage d'Achnacarry, il est appelé pour participer à un raid de sondage sur Étaples, opération planifiée en décembre 1943 avec Alexandre Lofi, mais finalement annulée.

*

Une fois démobilisé, Léon Gautier reprend son métier de carrossier puis de chaudronnier. Devant les énormes difficultés de la vie quotidienne de l'immédiat après-guerre en France, il retourne s'installer en Angleterre en 1947, où il travaille durant sept années comme chef d'atelier dans une entreprise de carrosserie.

En 1954, il part vivre en Afrique, avant de revenir définitivement en France en 1960. Établi dans l'Oise comme expert en assurance automobile, Léon Gautier retourne en Bretagne, à Saint-Michel-Chef-Chef, de 1987 à 1992. Devenu entre-temps secrétaire de l'Association des commandos créée en 1984, il multiplie les allers et retours entre la Bretagne et la Normandie. Il décide alors de s'installer à Ouistreham en 1992.

Il vécut à Ouistreham Riva Bella, à quelques centaines de mètres de l'endroit où il avait débarqué le 6 juin 1944, jusqu'à son décès le 3 juillet 2023. Sa disparition en tant que dernier survivant du Commando Kieffer donna lieu à une cérémonie d'honneurs militaires sur la plage de Ouistreham le 7 juillet au pied du monument de la Flamme en présence du président de la République française, Emmanuel Macron.

« Demain les Français, les Boches, on les aura ! »

Les raids de commandos se sont terminés après février 1944, quand Charles Trépel et son équipe ne sont pas revenus de leur opération en Hollande. À ce moment-là, on a perdu notre chef de bataillon et c'est Alexandre Lofi qui a pris la tête de la troop n° 8. Lofi était un homme spécial : jovial, gentil, et très bon sur le plan militaire. Je peux dire que grâce à lui, grâce à sa connaissance du métier, le 6 juin 1944, la troop n° 8 n'a pas essuyé beaucoup de pertes.

En Angleterre, à Douvres, on logeait chez l'habitant. C'est là que j'ai rencontré mon épouse, d'ailleurs. J'ai fait deux trois billets[1], j'étais très bien. Dans mon dernier logement, je vivais avec Pierre Vinat, qui s'est

1. Les commandos français se voient remettre des billets de logement à présenter aux familles britanniques qui les hébergent dans les différentes villes où ils seront stationnés durant la guerre. Un « billet » par extension, dans le langage des commandos, devient un logement.

fait tuer en Normandie, à Amfreville. Nous habitions chez Miss Spack. Son mari était chauffeur de locomotive, donc il n'était pas toujours à la maison. Cette femme était souvent seule. Même si je fréquentais déjà Dorothy, ma future épouse, on la sortait le soir à deux, on l'emmenait au cinéma, prendre un *fish and chips*, un verre de bière, et puis on rentrait. Chez elle, on était comme des coqs en pâte ! Elle nettoyait nos guêtres, faisait notre lessive, notre repassage, on était vraiment comme à la maison, c'était même plus la guerre.

En décembre 1943, avec les hommes de la troop n° 8, on est partis à Battle School qui se trouvait à Sherrington, et là, on a intégré le Commando n° 4. Le gros de la troupe était rassemblé, mais nous, les Français, on n'était pas encore tous présents. Certains membres de la troop n° 8 ne nous ont pas rejoints, même chose pour la troop n° 1. On a rencontré le colonel Dawson, le chef du Commando n° 4, qui voulait que les Français soient avec lui. Grâce à lui, on a pu débarquer en Normandie avec le Commando n° 4. Le n° 10 n'a pas eu cette chance.

À ce moment-là, on était conscients qu'un événement se préparait, ce fameux grand Débarquement. On savait que ça arriverait, mais à quelle date ? Et puis fin 1943, les choses se sont précisées. Dorothy travaillait à la poste et avait droit à un laissez-passer pour voyager sur la côte. C'est comme ça qu'elle est venue me voir à Peacehaven. On se promenait à Brighton, à Littlehampton, on se baladait sur la côte. C'est à Littlehampton que j'ai vu les Anglais fabriquer des barges. Ça commençait à sentir bon. Le Débarquement approchait.

Fin mai 1944, à Bexhill, on nous a fait nettoyer nos armes. Et on a commencé à faire des sorties sans elles, il fallait les garder propres. Alors on s'est dit : « Tiens, il y a quelque chose… »

Et puis en février-mars 1944, on a fait des exercices de débarquement. On n'a pas cessé de débarquer, embarquer… On restait entre Français pour ces entraînements. D'autres qui débarqueraient plus loin se préparaient comme nous. Mais ces exercices étaient surtout faits pour la Royal Navy. Du moins, c'est ce que je pense. Parce que nous, on débarquait, on rembarquait, on testait toutes sortes de péniches de débarquement ; parfois, on n'a même pas débarqué sur les mêmes barges. À tel point qu'on sentait l'eau croupie.

Une anecdote amusante à ce sujet : on ne nous avait pas consignés, les chefs s'étaient dit qu'on devait être crevés… C'était mal nous connaître ! On est allés au bal, et quand on est arrivés, on a demandé aux jeunes filles : « Vous dansez mademoiselle ? » Elles reniflaient et disaient : « Non merci », très poliment.

Après Bexhill, on est allés à Titchfield, dans un camp secret entouré de fils barbelés. Des Américains de couleur nous gardaient, installés dans des postes tout autour. On avait interdiction de sortir. Quelqu'un voulait partir ? Ils tiraient à vue. C'est là qu'on a eu connaissance des plans du Débarquement. Les villes avaient reçu des noms de code, mais les Havrais qui étaient parmi nous ont vite reconnu l'embouchure de la Seine et celle de l'Orne. Pour eux, c'était évident, on allait débarquer près de Ouistreham ! L'information est vite arrivée aux oreilles du colonel Dawson, le patron du Commando n° 4, et de Lord Lovat, le chef de la 1re brigade spéciale de laquelle on allait dépendre. Ils nous ont dit : « Les Français, je sais que vous avez reconnu les plages, mais je vous interdis de divulguer leur nom à vos camarades britanniques. Si vous le faites, vous ne partirez pas ! » Alors comme tout le monde voulait partir, motus : on en parlait entre nous, ça s'arrêtait là.

Avant qu'on embarque, Lord Lovat nous a fait un briefing et il nous a dit : « Demain les Français, les Boches, on les aura ! » Kieffer a aussi prononcé un discours qui finissait comme ça : « Demain on est en France, il n'y en a peut-être pas dix d'entre vous qui reviendront intacts, mais celui qui ne veut pas partir, il peut sortir des rangs. » Personne n'est sorti...

À ce moment-là, tout était calé, organisé : il y avait deux troops, plus la section de mitrailleuses K Gun du lieutenant Amaury. Finalement, on a dû renoncer à en former une troisième, on a divisé une petite troop en deux, parce qu'on n'avait pas assez de volontaires. Des volontaires, ça ne se trouve pas comme ça ! Malheureusement, certains gars n'ont pas fait le poids, ils ne répondaient pas aux critères imposés par les Britanniques. Car c'étaient eux qui décidaient, qui éliminaient, qui donnaient le brevet, c'est-à-dire le titre de commando. D'autres ont été écartés d'entrée à Eastbourne, sur décision de Kieffer. Par exemple, quand un gars, après deux marches, n'arrivait pas à suivre, il estimait que ce n'était pas la peine de l'envoyer en Écosse, à Achnacarry.

Entre la troop n° 1 et la n° 8, il y avait une différence. Les gars de la première étaient arrivés avant nous, ils se sentaient un peu supérieurs aux autres, j'ai l'impression qu'ils formaient un clan. Ils se connaissaient depuis plus longtemps que nous, et puis ils sortaient ensemble. En plus, à Eastbourne, on n'était pas logés au même endroit. Eux étaient à Old Town n° 1, nous, on était à

Old Town n° 2, qui se trouvait 800 mètres plus haut. Nos lieux de fréquentation et nos bistros n'étaient pas les mêmes. Leur préféré était le Lamb, au Lamb Hotel. Le nôtre, c'était le Old Park. On échangeait très peu. On s'entraînait différemment : eux avec leurs officiers, avec Vourc'h, nous avec les nôtres, avec Lofi.

Et puis il y a eu les gars de la section K Gun qui sont arrivés en dernier, en 1944. Ils ont été préparés à Wrexham, le camp d'entraînement commando du pays de Galles, ils n'ont donc pas eu la même formation que nous. Certains membres de la K Gun sont venus chez nous, comme Bagot. Il est arrivé au Commando d'une façon étrange d'ailleurs. Il était reparti à la marine, et puis il avait commandé un bateau à Plymouth, le *Bouclier*. Quand on a fait l'exercice de combat de rue devant le port qui touche la ville, on a su que Bagot s'y trouvait avec le *Bouclier*. Alors nous, les anciens du 2e BFM comme Roelandt, Logeais, Lofi, Laot, on est allés le voir. Il nous a reçus dans son carré, il nous a fait casser la croûte avec la nourriture britannique qu'il a pu récupérer. Des Wrens lui apportaient à bouffer. Les Wrens, c'était les femmes britanniques engagées dans la marine. On lui a dit : « Merde, quand même ! Tu ne vas pas faire la guerre comme ça, c'est pas possible ! »

Alors il a fait des pieds et des mains pour venir au Commando. Il a eu beaucoup de difficultés pour arriver chez nous. Comme il avait suivi son entraînement à Wrexham, il se mettait souvent en colère quand on parlait d'Achnacarry, parce qu'il disait que Wrexham était aussi dur ! Je veux bien, je n'en sais rien, je n'y suis pas allé, mais le climat est meilleur aux pays de Galles qu'en Écosse… et l'eau n'est pas si froide !

Ensuite, on a embarqué à Warsash, près de Portsmouth, sur le *River Hamble.* On a pris place directement sur les barges : la troop n° 1 à bord de la n° 527, la troop n° 8 à bord de la n° 523. On avait des havresacs avec toutes nos affaires : quinze jours de vivres et de munitions. On savait qu'on partait en France. Par contre, ce qu'il y avait de très particulier, c'est que les marins de la barge ne le savaient pas, ils croyaient encore à un exercice. Je m'en suis aperçu en discutant avec l'un d'eux, un jeune, qui m'a dit :

– C'est un grand exercice.

Je parlais assez bien Anglais pour comprendre et me faire comprendre. Je lui ai répondu :

– Oh, un grand exercice ! Demain matin, ça va se passer en France, c'est le Débarquement, c'est la Libération ! Et le type a pâli.

– Non, non, non, c'est incroyable.

– Tu vois la grenade ? Dégoupille-la, tu vas voir ce qu'il y a dedans.

Alors le gars m'a vraiment cru. À ce moment-là, l'armada n'était pas encore formée, on était sur la rivière Hamble. Le rassemblement s'est fait au-delà de l'île de Wight, dans une zone qu'on a appelée Piccadilly Circus. Là, on s'est tous rejoints et le gars a commencé à se rendre compte. Ce gosse était encore plus jeune que moi, il n'avait jamais dû aller au feu.

Chaque troop embarquée avait son propre travail. À la troop n° 8, on savait que si un gars tombait, le type qui était au grade inférieur passait un échelon, c'est lui qui prenait le commandement. Moi, j'étais quartier-maître, et s'il n'y avait plus de second maître, c'était à moi de prendre le groupe.

On avait des règles, des plans et des objectifs précis. Les plans étaient bien préparés puisque, quand on mettrait pied à terre, on se retrouverait exactement là où on devait débarquer. La troop n° 1 avait pour mission de passer par la route, d'aller jusqu'à la petite gare de chemin de fer, de poursuivre sur sa gauche par la rue Pasteur, puis de prendre le casino à revers. La troop n° 8 devrait vider un château, voir s'il y avait quelque chose dedans, et prendre ensuite les blockhaus et toutes les défenses, jusqu'à atteindre le casino par l'arrière. Alexandre Lofi était un bon officier. Il nous avait prévenus qu'on allait devoir agir à découvert dans les dunes. Il nous avait conseillé de plonger dans une dune et de ressortir par une autre. Car si on réapparaissait au même endroit, les Allemands nous attendraient. Il nous faudrait donc rouler un peu sur quelques mètres pour resurgir ailleurs.

Pendant la traversée de la Manche, on ne dormait pas bien à bord des barges. Il n'y avait pas de couchettes, on se reposait presque assis, sur nos havresacs. Ils nous rehaussaient un peu la tête. On somnolait, on regardait quelquefois en l'air. Ça bougeait beaucoup parce que les bateaux étaient petits et la mer assez houleuse. Malgré tout, on n'était pas trop mal. Vers 3 ou 4 heures du matin, on nous a donné une soupe chaude. La mienne, c'était de la soupe de tortue… je n'ai pas aimé. Je l'ai laissée de côté. C'est la seule chose que nous ayons eue. Alors j'ai bu un coup de flotte.

Et puis est arrivé le Débarquement. Alors là, il fallait y aller !

Quand j'ai débarqué, il était 7 h 29 je crois. Il faisait jour. Je ne me suis pas demandé si on était au bon endroit, mais on a vu rapidement le château. Ça a été très vite ensuite. La barge n° 527 a subi des dommages, tous les officiers ont été blessés. Mais pour nous, sur la barge n° 523, tout s'est bien passé, sauf que les passerelles sont tombées à l'eau. J'ai appelé Bagot, puis j'ai rattrapé un bout, l'ai réamarré pour qu'on puisse descendre. Je suis passé juste derrière Lofi, parce qu'il y avait une certaine camaraderie entre lui et moi. Je le connaissais depuis 1940 alors que les autres étaient arrivés en 1943. J'avais une confiance absolue en Lofi, et je crois que lui aussi puisqu'il m'a dit : « Bon, tu ne me quittes pas, tu restes avec moi, avec ta mitraillette. » Puis Bagot a suivi, Paul Chausse aussi, et tout s'est bien passé, mieux qu'on aurait cru.

Pour franchir les barbelés en haut de la plage, on avait des Bangalore, des trucs qui font sauter les fils de fer. Mais ils n'étaient pas si nombreux et je me rappelle qu'on est passés à un endroit où il n'y en avait pas. Par contre, on a dû traverser un champ de mines en toute connaissance de cause. Aucune n'a sauté, à tel point qu'on s'est dit qu'elles n'y étaient pas. Mais quand nous sommes revenus chercher nos sacs après la mission, un démineur britannique était déjà là. Bagot lui a lancé : « Il n'y a pas de mines ici. » Mais le mec l'a regardé d'un sale œil. « Et ça, qu'est-ce que c'est ? » Derrière lui, il y avait un tas de mines qu'il avait déterrées. Il avait manqué de se faire sauter la gueule ! Je me rappellerai toujours ce regard qu'il a jeté à Bagot, je peux vous dire qu'il n'était pas son copain !

Quand j'ai traversé la plage, je ne me suis pas posé de question. On a du boulot, on arrive, on roule à plat le plus rapidement possible. Comme dans *Il faut sauver le soldat Ryan*. On nous avait dit : « Plus vous vous approchez d'un blockhaus, plus vous rétrécissez le champ de tir. Les meurtrières, c'est pas très précis, alors courez le plus vite possible en haut de la plage. » On avait ordre de ne pas ramasser les blessés, un service sanitaire suivait, ce ne devait pas être notre problème. Un type qui s'arrête est une cible beaucoup plus simple qu'un type qui bouge !

On a déposé nos sacs dans les ruines d'une ancienne colonie de vacances. Et on s'est tous retrouvés. On était plus nombreux qu'on aurait pu le penser, car les chars démineurs avaient débarqué quelques minutes avant nous. Ces engins avaient fait sauter les mines sur la grève. Mais le blockhaus qui se trouvait en face s'était acharné contre eux. Leurs chars avaient détourné l'attention des Allemands, ce qui nous avait permis d'avancer.

Le Débarquement s'était donc mieux passé qu'on l'avait imaginé. On avait été bien formés pour les raids, pour les débarquements : faire vite, 7 miles à l'heure, soit 11,2 kilomètres heure. À Achnacarry, on n'avait pas le droit de marcher, on courait tout le temps, pas de mains dans les poches. Quand on vous entraîne comme ça, vous êtes habitué à aller vite, vous avez ça dans le sang ! Après la guerre, je n'ai jamais ralenti et je marche toujours vite. Finalement, l'entraînement a payé.

On a quitté la colonie de vacances et on est revenus un peu sur nos pas. On a traversé le champ de mines pour aller fouiller le château près de la plage. On n'a rencontré aucune résistance. Ensuite, on a progressé vers les dunes qui vont de Colleville à Ouistreham. On a attaqué les défenses qui étaient sur cet axe. À mesure que nous avancions, l'ennemi se réfugiait dans les derniers blockhaus, dans des bunkers un peu plus loin. Tous ces Allemands attaqués par l'intérieur, on les a fait un peu paniquer car ils attendaient une offensive depuis la mer, alors ils n'ont pas tellement résisté au combat. On a quand même eu un blessé grave, Lechaponnier. Son dos a été raboté par une mitrailleuse. On a progressé comme prévu dans les dunes, la technique que nous avait recommandée Lofi. Elle était efficace car bien souvent, quand on sortait, ça tirait, mais à gauche et à droite, aux endroits qu'on venait de quitter. Une section de mitrailleuses K Gun aurait dû nous appuyer, mais elle n'est pas passée par ce coin. Elle a pris la route de la troop n° 1, la route de Lion, et elle est arrivée presque en même temps que nous par le boulevard d'Angleterre qu'on appelle maintenant le boulevard Churchill. Elle a d'ailleurs beaucoup souffert face à un blockhaus conçu pour tirer vers l'intérieur qui se trouvait boulevard d'Angleterre.

La troop n° 8 comptait deux sections : la section Bagot et la section Hulot. J'étais dans la première. Elles faisaient toutes les deux le même travail, mais chacune à son tour. On est arrivés comme ça jusqu'au dernier blockhaus, là où il y a aujourd'hui un mémorial[2]. Ce blockhaus est surmonté d'une tourelle que les Allemands avaient apportée de la ligne Maginot. C'était le dernier point fortifié ennemi. On l'a pris facilement avec quelques grenades fumigènes. Les gars sont sortis

---

2. Il s'agit du monument de la Flamme, en l'honneur des 177 Français aux ordres du commandant Kieffer, aménagé au-dessus de la coupole du blockhaus allemand et inauguré le 6 juin 1984 par le président de la République François Mitterrand.

rapidement. Il faut dire qu'on était très entraînés, chacun savait ce qu'il avait à faire.

On a ramené les prisonniers vers l'arrière, et ils ont été pris par un régiment britannique arrivé après nous. Les tanks ont débarqué ensuite, on les a vus à Ouistreham, alors qu'on revenait déjà sur nos pas pour retrouver nos sacs. Quant à nos blessés, on s'en est un peu occupés, malgré les unités prévues à cet effet. À Ouistreham, des civils et des infirmières ont pris le relais. Les civils n'étaient pas nombreux. J'ai rencontré un couple que je trouvais âgé à l'époque – mais quand on a 20 ans, des gens de 50 ou 60 ans, on les trouve âgés. Ils sont sortis de leur abri et ont mis la tête dehors : « Qu'est-ce qui se passe ? Qu'est-ce qu'on va avoir quand vous allez repartir ! » Je leur ai dit : « On ne repart pas, alors restez bien tranquilles dans votre coin, vous ne risquez rien ! »

Et puis on a rejoint les K Gun et la troop n° 1 sur la route de Lion, et on est retournés chercher nos sacs vers Colleville. Il était 11 h 30 à peu près. En quatre heures, ça a été fait ! On n'avait pas de temps à perdre car on devait aller à Bénouville le plus rapidement possible. C'est pour ça qu'on ne s'est pas éternisés à Ouistreham. Avant d'arriver à Bénouville, on a essuyé des tirs de snipers depuis la forteresse d'Hillman. Ce n'est pas un nom allemand, c'est comme ça que les Anglais avaient appelé cette position allemande à la sortie de Colleville. Quand on a rejoint le pont de Bénouville, tout s'est bien passé. On avait eu un seul blessé depuis la colonie de vacances, le lieutenant Amaury, touché par un tir à Saint-Aubin-d'Arquenay.

À Bénouville, nous nous sommes arrêtés. J'ignorais pourquoi, je n'étais que quartier-maître dans cette unité, on n'avait pas tous les mêmes informations. Mais je l'ai appris par la suite. Les Anglais attendaient la contre-attaque de la 21e Panzer Division, et il fallait se préparer à réassaillir les ponts. Devant nous étaient passés les Commandos britanniques n° 6 et n° 3. Ils avaient débarqué un peu plus tard que nous, mais eux devaient directement se rendre sur place tandis qu'il nous fallait prendre les défenses de Ouistreham avec l'ensemble du Commando n° 4.

La troop n° 8 n'a pas eu trop de mal à franchir le pont. Les Allemands ont tiré par salves et on a pu traverser tête baissée. Par contre, la troop n° 1 a eu quatre blessés graves. Lofi a été touché par une grenade ou des éclats. Tous ont été soignés dans la maison Gondrée. C'était le père et la mère Gondrée à l'époque. On est passés entre les deux ponts, le pont de Bénouville et celui de Ranville. Les Anglais avaient fait quelques prisonniers, on a vu qu'ils les avaient déjà mis au travail et qu'ils creusaient leurs tranchées. Car il fallait se camoufler, si vous restiez à l'air, vous risquiez les éclats, les balles perdues… Il n'y avait pas tellement de planeurs à ce moment-là. On les a vus arriver massivement le soir, vers 19 heures. On était déjà à Amfreville.

Quand on a atteint cette ville, on nous a demandé de creuser à notre tour. J'ai commencé à faire mon trou. Pas profond. Et j'ai continué le lendemain. Par contre, j'ai mis toute la terre devant moi, face à l'ennemi, pour me protéger. C'est comme ça qu'on s'est installés à Amfreville. Avec la troop n° 8, on faisait la jonction avec le Commando n° 6, qui était sur notre droite entre Bréville et Amfreville. Nous étions juste à côté de lui. Le reste du bataillon se trouvait sur notre gauche. On a aménagé nos tranchées et on a mis une sentinelle 100 mètres devant pour voir si quelque chose arrivait.

Ce soir du 6 juin, j'ai pris le quart entre minuit et 1 heure du matin. Je peux vous dire que quand j'ai quitté le quart, j'étais très heureux. Parce que tout seul dans un coin, même s'il y a un gars 50 mètres à droite et un autre 50 mètres à gauche, on n'est pas fier ! On entend tous les bruits de la nature. Et il y en a, des bruits, dans la nature : les rats, tout ce qu'on veut. Alors on n'est pas très fier ! Ce 6 juin, c'est là que ça a été le plus dur je crois, là, tout seul dans mon coin. J'ai été relevé une heure après. J'étais très content qu'on me relève, très heureux.

Nous sommes restés longtemps à cet endroit. Les plans de la journée du 6 juin n'ont pas été respectés, je crois que nous devions presque arriver à Cabourg le premier soir. Je me demande toujours comment on aurait pu tenir une attaque jusqu'à Cabourg, parce que la journée avait déjà été longue. Notre objectif était de tenir cette tête de pont, je l'ai su par la suite. Quand Lord Lovat a été blessé puis évacué, il a dit aux officiers présents : « Il faut tenir coûte que coûte, tenir ce truc, c'est vital pour le Débarquement, coûte que coûte, tenir… » Et nos officiers nous l'ont répété. On était prêts à tenir coûte que coûte. Lofi était resté en ligne malgré sa blessure. Quant à Kieffer, il a tenu un petit bout de temps, mais il a été évacué parce que ses blessures s'infectaient. Lofi a alors pris le commandement des Français. Il était le seul officier.

Le 10 juin, on a essuyé une grosse contre-attaque. Les Allemands nous ont beaucoup bombardés. Des gars se sont fait tuer entre la tranchée de Bagot et

Chausse : Lucien Fourer et Robert Croizer. Dans la mienne, je n'étais pas loin. Fourer est mort sans qu'on lui ait trouvé une blessure. Croizer a eu le crâne enlevé, ouvert. On lui a mis un pansement avant de le placer dans sa couverture puis de l'enterrer. Dans leur tranchée, il y avait un autre blessé, Grispin, touché par un éclat au cou. On l'a pansé et on l'a évacué vers le centre de secours.

Quand on avait des morts, on allait les enterrer à l'arrière. Par exemple à Amfreville, de l'autre côté de la place, là où il y a aujourd'hui des bâtiments, autour de la ferme. J'étais souvent de corvée d'enterrement. Moi qui n'aimais pas creuser les tranchées, j'étais gâté ! C'est comme ça que j'ai mis en terre un de mes meilleurs copains qui s'appelait Guy Laot. Ça vous remue les tripes, ça vous fait de la peine quand ce sont des copains… On prépare des tombes provisoires, on les enterre dans leur couverture, on écrit leur nom dessus, on laisse des papiers sur eux, on sait qu'ils auront un jour des sépultures définitives. Aujourd'hui, elles sont installées dans le cimetière de Ranville.

En ce jour du 10 juin, ce n'est pas nous qui avons le plus souffert. Le plus fort des contre-attaques a touché Bréville, là où se trouvaient les parachutistes. C'est eux qui ont reçu le gros. On les a entendus, ils se sont battus dans le cimetière de Bréville, avec leurs petites baïonnettes. Croyez-moi, ça vous donne le frisson quand les mecs appellent leur mère… Les Allemands sont venus au bout du champ mais ils sont vite repartis, on était bien installés dans nos tranchées.

La contre-attaque, c'était des bombardements, des mortiers, des obus avec des tirs d'artillerie, ça tombait toutes les dix secondes ! On n'avait rien pour riposter. C'est la marine qui se débrouillait pour le faire depuis le large des côtes. Je ne sais pas ce qui s'est passé mais j'ai quand même eu l'impression qu'on recevait quelques obus de marine. C'est difficile à dire parce que les balles se croisaient.

Ensuite, on a commencé à bouger, et on est partis à Hauger pour remplacer des Anglais. De là, nous étions plus près de Sallenelles. On a essuyé beaucoup de tirs d'artillerie. On avait quelques tranchées, on s'abritait dans une ferme, dans un petit château… On faisait pas mal de patrouilles de nuit, c'était important. J'ai beaucoup été mis à contribution, car Lofi m'aimait bien et me désignait à chaque fois. Était-ce par amitié, est-ce qu'il voulait se débarrasser de moi ? Je crois que c'était par amitié quand même… Je patrouillais souvent avec un dénommé Boulanger, qu'on avait surnommé La Boulange. On y allait avec beaucoup d'appréhension, avec la peur d'être tout seuls et de tomber sur des Allemands au retour.

Puis un jour, on est repartis vers Bréville, c'était fin juillet. On subissait les ordres. À Bréville, on a pris les tranchées allemandes. Je peux vous dire qu'ils étaient bien planqués, ils avaient fait de beaux trous protégés avec des madriers, couverts de terre. Quand arrivait un bombardement, on se planquait dans ces petits coins, on était très heureux. Ça n'a pas duré très longtemps, j'y aurais bien passé quelques jours de plus, bien tranquille. Mais nous nous sommes dirigés vers le bois de Bavent. Là, on a reçu beaucoup de tirs de mortier. On n'était plus très nombreux en ligne. On pensait déjà à nous relever complètement. Mais alors sont arrivés les renforts d'une vingtaine de gars, notamment des blessés qui avaient été évacués le 6 juin.

Puis le jour est venu où il a fallu attaquer Bavent. On s'est approchés du village, prêts à foncer. On attendait un tir d'artillerie qui n'est jamais venu. C'est grâce à Lofi. Il était Alsacien, alors il comprenait très bien l'allemand. Près d'une maison, on a entendu les Allemands parler. Ils disaient qu'il fallait foutre le camp avant qu'on leur tombe sur le dos. Alors Lofi a dit : « Eh bien on va arriver. » Et ils se sont barrés. On a donc fait savoir aux Anglais qu'on n'avait plus besoin de tir d'artillerie, et on est entrés dans Bavent sans combattre. Résultat : Lofi s'est fait engueuler pour ne pas avoir écouté les ordres, alors qu'on avait sauvé Bavent d'un tir d'artillerie !

Nous nous sommes installés à Bavent, au-dessus du château, à la mi-août et y sommes restés quatre ou cinq jours pendant lesquels nous n'avons vu que deux avions allemands qui sont venus nous rendre visite avec leur mitrailleuse. Pourtant, auparavant, dès le mois de juin et en juillet, on avait vu les bombardements de Caen, avec toutes les forteresses volantes qui passaient au-dessus de nous. Ça ressemblait à l'armada du 6 juin sur la plage. C'était effarant, les avions étaient innombrables. On ignorait alors ce que les Allemands attaquaient, et quelles étaient leurs forces. On ne savait rien. Et puis plus tard, dans les années 1950, j'ai traversé Caen et j'ai vu une cité en ruines. C'était très émouvant car ça me rappelait l'Angleterre, où j'avais vu des villes comme Portsmouth, aussi touchées que Caen.

Un soir, nous avons quitté le château de Bavent. On a passé la digue, et on a suivi une ligne de chemin de fer. Le matin, vers 7 heures, on est arrivés sur une route. Dans un virage, les Allemands nous tiraient dessus avec une mitrailleuse. C'était notre premier contact avec eux depuis un bon bout de temps, depuis la bataille de Bavent. Tout le monde a foncé dans le fossé, et Lofi a crié : « Marche arrière, marche arrière sur 100 mètres ! » Mais on allait quand même attaquer. Lofi a demandé un tir d'artillerie, parce qu'on ignorait ce qu'il y avait en face. Comme le tir n'arrivait pas, il a placé deux Bren Gun en position : Caille en tenait une, et Massin l'autre. On était toujours dans notre fossé.

Nous voulions lancer l'offensive sur la droite de la route, parce qu'un ruisseau passait en dessous, et il y avait un petit pont. Les Allemands avaient utilisé ce cours d'eau comme tranchée et avaient positionné une mitrailleuse au bout. Nous devions la prendre. Alors on a attaqué en file indienne, à la baïonnette. Je crois qu'on était une quinzaine, Paul Chausse en tête, plus les Bren Gun en tir croisé. En face, ils n'étaient pas nombreux. Paul Chausse, qui n'aimait pas tuer les gens, a essayé de blesser un Allemand en lui tirant dans les pattes. Manque de pot, il a tapé un peu plus haut et l'a blessé au ventre. Paul Chausse a été très malheureux de voir cet homme qui allait certainement mourir. Ce n'était pas son genre, à lui, ce n'était pas un tueur. Ça, c'était à l'Épine. J'y suis retourné depuis, et l'Épine, ce n'est pas là. Le nom qui a été donné à ce lieu de bataille est faux. Par contre, j'y ai gagné une citation de Croix de guerre !

Après les combats de l'Épine, on a continué un petit bout de temps dans les tranchées allemandes où on a reçu un bombardement, de ceux qu'on appelait les orgues de Staline, qui faisaient beaucoup de bruit. Comme les Allemands savaient où on était, ça tombait très près. Je ne me rappelle pas si on avait des blessés ou pas, mais je peux vous dire que c'est très impressionnant quand ça arrive, le bruit est assez démoralisant. Puis on est repartis vers Pont-l'Évêque. On a fait un petit bout de chemin dans un camion qui nous a déposés devant la ville. Elle était en flammes. On a progressé doucement parce que quelques snipers étaient restés en coin. Comme les Allemands avaient fait sauter les ponts, des sapeurs britanniques nous ont fait passer sur des planches. Puis nous sommes repartis et nous avons marché toute la nuit.

On est arrivés à Beuzeville le matin. On a appris que des Allemands étaient planqués dans un tunnel, mais on ne s'est pas battus, on a bloqué le passage. Ils se sont rendus par la suite. Et on a poursuivi jusqu'à Saint-Maclou où, pour la première fois, on a dormi dans de la paille. C'est le plus bel hôtel qu'on ait eu ! La paille, c'était très bien, c'était le Ritz, et puis en plus, il y avait des grands baquets d'eau, alors on a pu faire une toilette complète !

On avait toujours été bien ravitaillés. Quand on était à Amfreville et qu'il nous manquait du monde, les sections étaient de sept personnes. On touchait toujours des rations pour seize, on avait même pu donner des boîtes de conserve aux habitants. Du moins ce qu'on n'aimait pas, on gardait le meilleur pour nous... Les gens étaient très contents de récupérer ce qu'on leur donnait, comme des boîtes de fromage, de bacon roulé...

Moi, je n'aimais pas ça, c'était gras, mais les fermiers aimaient bien le gras.

Eux avaient quand même des réserves dans leur ferme. Par exemple, un jour, je suis allé dans une maison pour distribuer des conserves. Ses habitants avaient tué un cochon. Je ne sais pas comment, mais ils avaient un cochon. Ils se partageaient les côtelettes, et moi qui leur apportais du ravitaillement tous les jours, je les regardais couper les côtelettes. Je me suis dit que s'ils ne m'en proposaient pas une, ils n'auraient rien au prochain ravitaillement. Mais un gars m'a vu en train de les regarder et il a compris que les côtelettes seraient les bienvenues ! Je ne me rappelle pas combien il m'en a donné, quelques-unes quand même. C'étaient des petites côtelettes, pas bien épaisses. Je les ai fait chauffer dans ma gamelle, je suis allé piquer des oignons dans un jardin à côté. Et à cet instant, l'abbé de Naurois est passé. Il était dans son *battledress* que le sang séché aurait à lui seul pu faire tenir debout tellement il avait soigné de blessures. De Naurois est passé, il a fait : « Ça sent bon. » J'ai dit : « Oui, ça sent très bon. » Alors il a recommencé : « Oh que ça sent bon. » J'ai fini par répondre :

– Vous en voulez une ?

– Ce ne serait pas de refus.

– Mais monsieur l'aumônier, c'est vendredi aujourd'hui.

– Le bon Dieu me pardonnera.

Et je lui ai fait cuire une côtelette !

De Naurois a été important pour nous, il a beaucoup soigné les blessés. Il ne nous a jamais forcés à suivre la religion et j'ai beaucoup de respect pour cet homme. Moi qui n'avais jamais communié, ma première communion, c'est lui qui me l'a donnée, après l'attaque du 10 juin je crois.

Les premiers résistants qu'on a croisés, on les a rencontrés à Beuzeville, avec un rasoir et une tondeuse à la main. Alors que nous étions à Saint-Maclou, on nous a donné la permission de retourner boire un coup à Beuzeville, à deux ou trois kilomètres de là. Nous sommes partis le soir. Les gens faisaient le bal de la Libération sous une magnifique halle. C'est là que j'ai rencontré des Belges de la brigade Piron qui venaient de Honfleur. On a fraternisé, bien sûr. Tout d'un coup, j'ai vu une jolie blonde. « Il faut danser Mademoiselle. » Elle m'a dit : « Madame ! » Aucune importance. On a dansé tous les deux, très heureux de rigoler. Et j'ai vu des gars avec des brassards ornés d'une croix de Lorraine. Tout était fait artisanalement, et pas mal d'ailleurs. Les gars sont arrivés vers moi avec une tondeuse à la main et m'ont lancé :

– Vous permettez que je lui coupe les cheveux ?

– Non, je ne permets rien du tout !

– Oui, mais elle a couché avec des Boches.

– Qu'est-ce que ça peut te foutre ? T'es jaloux ? Si elle a vraiment collaboré, tu ne vas pas t'en mêler, des gens s'occuperont de la juger, tu n'as rien à voir là-dedans !

Avec les Belges, on a empêché que les femmes soient tondues. Ça nous a beaucoup choqués.

On n'a donc pas rencontré de véritables résistants. Je pense qu'ils n'ont pas su faire le ménage eux-mêmes, parce que certains se sont qualifiés de résistants du jour au lendemain. Il y en a pourtant eu des vrais, qui ont fait leur devoir et qui ont risqué leur peau. L'un de mes oncles a par exemple été déporté et est mort dans un camp, après avoir fait de la résistance à Rennes. Des vrais résistants, j'en ai connu. Comme ce copain qui s'est fait tuer sur le pont de Caen, le lieutenant Châtelain. Son nom est inscrit sur le pont. Eux sont de vrais résistants. Il y en a eu beaucoup à Caen, mais nombreux sont ceux qui se sont autoproclamés résistants à la dernière heure.

À partir de Saint-Maclou, c'était terminé, on n'irait pas plus loin. Les Allemands avaient passé la Seine, nous étions très heureux de le voir ! On est partis vers Arromanches par camion pour rejoindre l'Angleterre. On avait marché jusqu'à Saint-Maclou, on n'allait pas nous refaire faire le chemin inverse à pied ! On a embarqué à Arromanches, c'était beau à voir. On a reparcouru la route des batailles. C'était très impressionnant de voir ces tanks immobilisés dans tous ces coins. Et puis en Angleterre, on a débarqué à Southampton. Il n'y a pas eu de cérémonie, mais quand on est descendus sur le quai, on a joué une musique pour nous. À part ça, rien d'exceptionnel.

On était encore dans les commandos, notre engagement ne se finissait pas là, excepté pour quelques-uns qui voulaient partir. Une fois en Angleterre, on nous a même parlé d'aller à Burma, c'est un bruit qui a couru. Je crois que certains ont quitté les commandos parce qu'ils croyaient qu'on devrait y partir, mais ça ne s'est jamais fait ! Nous sommes revenus dans un camp qui s'appelait Petworth.

J'avais pu donner des nouvelles à ma fiancée pendant mon absence. Pendant que j'étais en Normandie, les lettres mettaient trois semaines à arriver. Mais on avait des nouvelles. J'en envoyais aussi, le courrier suivait. J'ai même écrit à mes parents de Normandie quand ils étaient à Rennes. J'ai su par la suite qu'il était passé de gendarmerie en gendarmerie et que ce sont les gendarmes qui ont apporté mon premier courrier à mes parents. Eux avaient souvent vu arriver les gendarmes, car nous étions une famille de résistants. Ma sœur était recherchée parce qu'elle avait fait évader un prisonnier d'un camp qui se trouvait près de chez nous. Pas de chance, le type s'était fait piquer et il avait avoué l'endroit où il avait eu des fringues civiles – les miennes d'ailleurs. Les gendarmes m'ont souvent cherché. Un jour, ils sont venus prendre mes biens, parce que j'avais été condamné : les biens à venir, les biens existants... Mon père leur dit : « Il vivait chez nous, il n'a rien ici, tout m'appartient, à part son vélo, que je lui ai donné pour son certificat d'études primaires. » Alors ils ont piqué mon vélo ! Mais ils n'y ont pas gagné grand-chose : il était dans un sale état, parce que je faisais les cent coups avec. Je l'entretenais, mais passablement ; au départ beaucoup, mais après un peu moins. Quant à mes parents, ils ne savaient pas où j'étais. J'ai toujours avec moi un télégramme que je leur avais envoyé. Il est parti de Grande-Bretagne, passé en Suisse, en Allemagne, et il est revenu en France. Il a les quatre tampons de la Croix-Rouge, c'est une relique !

Ma fiancée habitait Douvres, en face de Calais. Comme j'avais eu quatre ou cinq jours de permission, on avait décidé qu'on allait se marier pendant cette période. Je l'ai épousée en Angleterre le 14 octobre 1944. Mais il m'a vite fallu repartir : la permission était courte ! Je suis donc monté dans un train qui, manque de chance, a pris du retard et m'a fait rater ma correspondance pour le camp de Petworth. J'en ai pris un autre, mais c'était un Londres-Littlehampton. Je me suis dis que je me démerderais à Petworth : je descen drais en marche quand le train ralentirait... Manque de pot, sur le quai de la gare, il y avait un diable qui m'a empaffé... Je me suis retrouvé à l'hôpital de Chichester avec le bras dans le plâtre. Je ne me rappelle pas avoir vu quelqu'un me mettre le plâtre ; ma cheville était bandée, j'avais quelques éraflures, mais rien de grave, des petites cicatrices. J'ai fait prévenir mon unité, le Commando n° 4, à Petworth. Et j'y suis revenu avec le bras en écharpe.

Là, ils recrutaient de nouveaux commandos pour la Hollande. Les autres étaient déjà partis en Belgique, ou ailleurs, dans le nord de la France. Je ne pouvais pas les rejoindre dans cet état, alors ils m'ont envoyé sur le *Courbet*, le bâtiment dépôt de la marine à Portsmouth. Ils m'ont demandé où je voulais me rendre en convalescence. J'ai répondu que je venais de me marier. Alors je suis allé à Douvres, après avoir passé une radio à l'hôpital. C'était une bonne convalescence ! Puis j'ai rejoint la caserne Bir-Hakeim de Emsworth et on m'a mis hors service un petit bout de temps.

J'appartenais toujours au Commando, mais ils m'ont débarqué à la fin. Je suis parti en permission chez moi, en février 1945. Au retour, je devais rejoindre les commandos, mais ils ne savaient pas où, alors je suis resté à la maison. Le 8 mai, quand la guerre a pris fin, j'étais à Douvres avec ma femme. Et un jour est arrivé l'ordre de rentrer en France, c'était fin mai 1945. On a embarqué à Newhaven pour Dieppe. À Paris, un comité d'accueil des FFL nous attendait. Comme j'avais de la famille à Rennes, on m'a donné un billet de chemin de fer avec deux mois de permission. À la fin du mois de juillet 1945, j'ai rejoint le dépôt de la marine à Vannes pour être démobilisé. C'était terminé !

Entretiens réalisés les 11 mars et 15 mai 2002.

Paul Chausse
29 ans le 6 juin 1944

Paul Chausse

(1915-2005)

Paul Chausse est né à Chanteloup dans la région de Granville le 22 janvier 1915. Élevé dans un esprit anti-allemand et patriotique par un père garde républicain puis garde champêtre, il s'engage à 17 ans dans la marine française par goût d'aventure en 1932. Affecté aux fusiliers marins, il reçoit une instruction militaire à Lorient puis à Toulon. À la fin de son engagement de cinq ans, il retourne à la vie civile en 1937, et il est employé dans une cartoucherie dans la région d'Évreux.

Il est mobilisé sur sa demande en novembre 1939 et sert comme quartier-maître à bord du patrouilleur *Léoville* jusqu'en avril 1940. Il participe à la protection des convois marchands dans l'Atlantique puis, chargé de l'artillerie à bord du *Léopold Néra*, aux patrouilles dans la Manche et sur les côtes normandes dans des missions de secours des réfugiés. C'est avec le *Léopold Néra* qu'il quitte Brest pour rejoindre la Grande-Bretagne à Plymouth, puis le camp de Haydock Park dans la région de Liverpool.

Souhaitant dans un premier temps entrer dans la Royal Navy, Paul Chausse apprend l'existence de

De Gaulle. Affecté au dépôt central des Français libres à l'Olympia Hall, il rencontre le capitaine d'armes Lofi en juin 1940. Il signe son acte d'engagement dans les FFL le 19 juillet 1940 et intègre le 1er BFM qui part pour Camberley, avant d'être dirigé le 1er novembre 1940 vers l'Afrique.

Il intègre ensuite le 2e BFM qui embarque vers le Cameroun, Pointe-Noire, puis la Syrie et le Liban pour des opérations de défense côtière. À la dissolution du 2e BFM en avril 1943, il regagne l'Angleterre. Affecté sur le *Courbet*, Paul Chausse s'engage en mai 1943 dans les rangs des commandos de Kieffer, alors à la recherche de volontaires. Se succèdent pour lui des périodes d'entraînement à Eastbourne, sous le commandement de Lofi et Trépel, puis à Achnacarry, avant son affectation au Commando interallié n° 10.

Il est alors choisi pour diriger un raid de reconnaissance en Hollande, à Middelkerke, le raid de sondage « Hardtack 26 » dans la nuit du 20 au 21 janvier 1944. Il fait partie de la troop n° 8 avec le commandement d'une sous-section à la veille du Débarquement en Normandie.

*

Paul Chausse prend part au débarquement de Walcheren le 1er novembre 1944 et participe à la campagne de Hollande jusqu'à la fin de la guerre. De retour en France, il fait partie des volontaires envoyés sur le lac de Constance avec Lofi, le commandant du 1er BFMC. Il revient définitivement dans l'Hexagone après avoir refusé de prolonger son engagement dans les commandos en Indochine.

Le 17 novembre 1945, le général de Gaulle l'élève au rang de compagnon de la Libération. Il est l'un des quatre commandos du 1er BFMC, avec Philippe Kieffer, Alexandre Lofi et René de Naurois, à recevoir cette distinction.

Promu officier des équipages de la flotte de 1re classe en 1953, sa dernière expérience militaire le conduit en Algérie où, rappelé en 1956, il effectue six mois de service sous les ordres de Ponchardier au sein de la demi-brigade de fusiliers marins de Nemours, en poste en Oranie. Dans le civil, il devient agent de maîtrise, cadre, et enfin chef du personnel de 1947 à 1976 au sein de la société Dubonnet-Cinzano.

Paul Chausse est décédé à l'Aigle le 4 mai 2005.

Attaquer à la baïonnette,
ça nous ramenait à la guerre de 14 !

À la suite du raid Scheveningen qui s'était très mal passé, où toute l'équipe de Trépel avait disparu, ça a été la fin des opérations de sondage sur les côtes de France. Les raids ont été annulés parce que c'était le moment du Débarquement. À l'époque, on avait commencé à faire de l'entraînement pour le parachutisme. Puis tout s'est arrêté.

La troop n° 1 et la troop n° 8 ont été réunies, et elles sont descendues vers le sud de l'Angleterre, à Bexhill-on-Sea puis à Titchfield. Elles ont rejoint la troisième, la troop du lieutenant Amaury, la section de mitrailleuses K Gun. On est restés là quelques jours, mais on ne savait pas grand-chose. Puis on nous a réunis. Lovat nous a fait un petit speech en français. On a su à peu près où on allait débarquer. Car chez nous, il y avait pas mal de Normands. Mais à qui vouliez-vous qu'on en parle de toute façon ? On a vu des cartes, des maquettes, on nous a dit comment tout cela devait se passer…

On a embarqué le 5 juin 1944. On savait où on allait, où on devait mettre nos sacs : une colonie de vacances. Et puis notre troop, la n° 8, avait reçu son objectif : on devait passer entre la côte et la route principale pour prendre toutes les fortifications sur la plage. Pour la troop n° 1, le but, c'était le casino.

Pendant la traversée dans la nuit du 5 au 6, on pensait à notre mission, à rien d'autre. On était sereins. L'armée allemande n'était plus ce qu'elle était en 1942, et puis les Alliés avaient là une force formidable ! Il y avait une incroyable armada qui avait instauré un climat de confiance. Et tous ces avions, ces forteresses, et les cuirassés, les croiseurs…

En arrivant sur la grève, on est descendus par les passerelles. On a débarqué à un endroit précis, La Brèche. On n'était pas loin du haut de la plage. Tout le monde a couru le plus rapidement possible pour arriver au bout. Je suppose qu'il y avait des asperges de Rommel[1]. Ça ne nous a pas gênés du tout. On a plutôt été inquiétés par un tir d'armes automatiques. Une pièce de chaque côté, ou une mitrailleuse lourde probablement. Mais on n'a pas perdu grand monde… Je ne peux pas vous dire combien, mais nous, à la

1. Nom donné par les travailleurs français, requis pour les planter, aux pieux en bois dressés sur ordre de Rommel dans des terrains propices à un atterrissage de planeurs. Ces pieux de 3 mètres de haut étaient en principe reliés par des barbelés et pouvaient être équipés de mines.

troop n° 8, on est à peu près tous passés. Enfin, pas trop de casse.

Dans l'autre troop, ils n'ont pas eu de veine tout de même. Non seulement ils y ont laissé des hommes, mais en plus, leur barge a été touchée. Ils sont venus nous accoster pour débarquer. Ça a pris du temps tout ça ! Et puis l'effet de surprise terminé, on a déposé nos sacs dans cette colonie de vacances. On est directement partis sur Ouistreham. On est passés à travers une habitation qui existe toujours, une sorte de château, et ensuite on est allés de maison en maison. Dans certaines, des coups de feu partaient. C'était difficile !

La section de K Gun détachée à notre troop pour nous appuyer avec ses mitrailleuses lourdes a perdu des hommes. Plus que nous d'ailleurs. On a eu une veine insensée dans toute cette histoire. Ce n'est qu'après, avant de quitter Ouistreham, lorsqu'on était avec les prisonniers allemands qu'on avait rassemblés, qu'on a essuyé des dégâts : l'un d'eux nous a lancé une grenade.

On est ensuite partis vers l'intérieur des terres en direction de Pegasus, derrière les Commandos n° 6 et n° 3. Jusqu'au pont de Bénouville, on a eu affaire à des snipers, des tireurs d'élite. Et c'est après l'édifice que ça a été plus sérieux pour nous.

À Amfreville, on a eu les premiers contacts avec des civils français. En arrivant là-bas, on a vu que les gars s'étaient battus sérieusement. Il y avait des débris qui venaient de Russie, des troïkas, des chevaux crevés… Ça avait déjà dégringolé pas mal. Alors on a établi une ligne de défense en creusant des tranchées. Mais au lieu de les préparer comme en 14, on a fait des trous plus petits, pour deux ou trois personnes, pour se protéger des obus. C'est dans le nôtre, avec Bagot, qu'on a passé notre première nuit. On n'en a pas bougé. Certains sont sortis plusieurs fois, pas nous. Notre mission était de tenir la position. On protégeait le flanc du Débarquement, et on permettait les renforts. Il fallait ça parce que c'était tangent au départ.

Et puis après Amfreville, on est partis à Bréville, juste à côté. On avait là une belle tranchée, un vrai palace, un hôtel quatre étoiles. J'étais toujours avec Bagot. Dans le village, on avait enlevé les draps des lits trouvés dans les maisons et on les avait mis dans notre trou. Bagot était un officier radio quand même ! On était comme des rois.

Le colonel Dawson, le patron du Commando n° 4, avait été blessé. Le major Menday l'avait remplacé un temps. Mais alors lui, c'était vraiment un Anglais ! Dans les périodes de calme, il inspectait les tranchées, fallait ramasser les papiers, fallait que tout soit propre en plus. Nous, les Français, ce n'est pas tellement notre genre ! On a fait Bréville et on a pris le chemin de Bavent, mais on ne s'est pratiquement pas battus là-bas. Car les Allemands venaient de partir. À certains endroits, le café au lait et le chocolat étaient encore à moitié chauds.

Plus loin, à l'Épine, on s'est accrochés dans des combats assez durs. Au début, on marchait de nuit, en plein dans le brouillard il faut dire. À un moment, on a entendu comme un bruit d'alerte. Là, il y a eu un malentendu, on a compris : « Qui va là ? » C'était sûrement des Français. Alors je ne sais plus ce qui s'est passé mais une rafale est partie. On est restés sur place pour attendre la fin de la nuit. Quand le jour s'est levé, Kieffer a demandé à Lofi de mener l'offensive. Lofi m'a dit : « C'est toi qui vas attaquer avec ta section ». Au début, ça fait un choc quand même, parce que « attaque à la baïonnette », ça nous ramenait à la guerre de 14. À ce moment-là, je commandais à la place de Bagot qui avait été blessé. La charge à la baïonnette ne s'est pas faite finalement. Les Allemands ont craqué et ont fui assez vite. Mais le peu de temps qu'ils nous ont bloqués, l'arrière a peut-être pu foutre le camp.

Après les combats de l'Épine, on a filé à Beuzeville. Les Allemands couraient comme des lapins, on ne pouvait plus les rattraper. On nous a alors donné des camions. C'est là qu'on a eu le premier vrai contact avec eux. Je me rappellerai toujours qu'on est allés boire un café, comme si ce n'était pas la guerre. On s'est arrêtés à Beuzeville, et Dawson nous a annoncé : « Voilà, on doit rester là peut-être pendant quinze jours, trois semaines, avant de repartir en Angleterre. Si certains d'entre vous pensent que leur famille est par là, ils peuvent y aller. » Alors Lofi m'a dit : « On peut aller chez toi ! » J'ai envoyé un message codé par la Croix-Rouge à mes parents, Lofi a pris une grosse moto Norton, je crois, et je suis parti avec lui vers Eu. On s'est arrêtés dans chaque village pour se renseigner quand même, parce qu'on ne voulait pas rencontrer d'Allemands, il n'y avait pas si longtemps qu'ils avaient fui. On est arrivés à Eu, chez mes parents qui venaient d'être libérés par les Canadiens. On a eu un de ces accueils ! Lofi m'en parlait encore vingt ans après, les jeunes filles nous apportaient des fleurs ! Mais mon père n'était pas là, il n'y avait que ma mère qui m'a dit : « On va voir ton père, mais tu vas rester discret parce qu'il a le cœur malade. » Et même si elle avait peur pour lui, ça s'est bien passé.

Puis il a fallu rentrer, et nous sommes retournés en Angleterre pour reconstituer le bataillon de fusiliers marins. Il y a eu de nouvelles recrues et les blessés sont revenus des hôpitaux. On a formé une nouvelle troop, la troop n° 7. Puis on s'est préparés à un nouveau débarquement en Hollande.

Entretien réalisé le 30 janvier 2002.

René Lossec
24 ans le 6 juin 1944

René Lossec

(1920-2008)

Né le 24 juin 1920 à Brest, René Lossec passe sa jeunesse à Saint-Pierre, un quartier de la ville. Il fréquente l'école communale jusqu'à ses 13 ans. Il part ensuite travailler aux PTT durant cinq ans, comme porteur de télégrammes.

René Lossec est issu d'une famille modeste, fils d'un ancien marin de la Première Guerre mondiale ayant combattu à Constantinople, et qui est décédé en 1937. En 1940, devant l'avancée foudroyante des armées allemandes en Bretagne, il décide de gagner Londres et parvient à embarquer *in extremis* sur le dernier bateau à quai, avec cinq cents autres Bretons, le 17 juin 1940.

Débarqué à Southampton, il se rend en train à Stoke-on-Trent puis au camp de rassemblement de Trentham Park. Il décide alors de s'engager dans l'armée de De Gaulle. Pris en mains par les chasseurs alpins pour les premiers entraînements, René Lossec est installé dans le camp anglais d'Aldershot puis à Camberley, et enfin à Old Dean Camp.

Lossec prend son mal en impatience devant les départs successifs, notamment vers l'Afrique. Avec le grade de caporal, il devient instructeur pour des élèves officiers arrivant de France. La venue au camp du capitaine Trépel, chargé de recruter des commandos, le conduit à se porter volontaire au printemps 1942. Après l'entraînement commando à Achnacarry, sa compagnie intègre le Commando n° 2, puis le Commando interallié n° 10 au pays de Galles. Il défile à Londres devant le général de Gaulle le 14 juillet 1942.

René Lossec est désigné au cours de l'hiver 1943 pour participer à un raid en France occupée.

*

Après la campagne de Hollande, René Lossec est démobilisé au 2e dépôt de la marine. Il retourne ensuite à la vie civile comme terrassier, puis facteur à la Poste de Brest, puis au dépôt de la gare. Il passe les vingt-cinq dernières années de sa vie professionnelle à la Poste.

René Lossec est décédé le 24 mai 2008 à Brest. Il est inhumé au cimetière de Carhaix.

On n'avait pas de carte,
on n'avait rien du tout

En décembre 1943, on est partis en raid à Étretat, avec Jean Pinelli. Au moment d'arriver devant la ville, on nous a demandé de faire demi-tour. On n'a pas pu débarquer sur la plage. Alors on est rentrés. On était à Newhaven à cette époque-là. C'était après Bexhill. On s'est aussi entraînés au débarquement avec des bateaux spéciaux pendant l'hiver, on plongeait dans l'eau… Ce n'était pas très facile. Ensuite, on faisait des marches de 20 kilomètres.

Et puis est arrivé le vrai Débarquement, en juin 1944. On a été mis dans des camps secrets, pour que les Allemands ne sachent pas d'où on partait. On y faisait encore des exercices. Un jour, on nous a dit : « C'est pour le 5 juin. » Mais comme la mer était mauvaise, ça s'est finalement passé le 6. Eisenhower ne pouvait pas attendre au-delà : après le 6, la marée ne permettrait plus de débarquer en France.

On est donc montés dans des bateaux avec des passerelles. On a passé la nuit à bord et on est arrivés à 7 heures du matin. On n'avait pas trop peur, on ne se rendait pas vraiment compte ! On a débarqué avec de l'eau jusqu'au cou. Le petit Morel, à la fin, il se noyait, il avait même perdu son arme. Je me suis demandé plus tard comment il avait fait pour en trouver une autre. Parce qu'on était armés. Moi, j'étais au fusil-mitrailleur : j'étais caporal. Dans mon sac, j'avais une tenue de rechange avec les chaussures, des rations… Mais on ne devait pas y toucher, c'était pour la traversée de la France. Dans une boîte, il y avait 2 000 francs, du chocolat, des pâtés, des biscottes, etc. Et dans les pochettes, de chaque côté, des réserves de chargeurs de fusil-mitrailleur Bren. On transportait un tas de choses dans ce sac, pour vivre un peu ! Ça faisait environ 40 kilos sur le dos. On avait un fusil parce que les chargeurs, c'était pour la Bren. Et aussi des grenades défensives autour du ventre, et des cartouches. On pouvait mettre le casque ou bien le béret.

Avant qu'on arrive, on nous avait dit : « Vous poserez vos sacs dans une maison démolie. » Elle se trouvait à ma droite quand j'ai débarqué. Je l'ai trouvée tout de suite, c'était une ancienne colonie de vacances. Ils avaient pris des photos aériennes avant, ils savaient comment était le terrain. On a tout déposé dedans. On était tout d'un coup allégés. Et alors on a continué. Certains d'entre nous avaient été tués sur la plage, parce que les Allemands nous tiraient dessus. Je n'y faisais pas attention, j'avais débarqué, j'étais bien. J'avançais sur le sable en essayant de trouver les copains. Ils étaient derrière un mur. On devait soi-disant attaquer le casino. Mais il était où, ce casino ? On n'en savait rien ! On n'avait pas de carte, on n'avait rien du tout. On a longé le mur jusqu'à l'endroit où il était détruit, puis on est partis sur la route et on a continué. Personne ne nous tirait dessus, mais tous les membres de notre service de santé avaient été tués ou blessés sur le rivage.

Après, on a bifurqué sur la plage, on est allés dégager les blockhaus où se trouvaient les Allemands. Ils surveillaient la mer, pas ce qu'il y avait derrière eux. Ils se sont rendus, ils sont sortis les bras en l'air. On a lancé une grenade dedans, par la porte. Ça y était, ils étaient faits ! Ensuite, on leur a fait les poches pour vérifier s'ils n'étaient pas armés. Mais on était embêtés… Qu'est-ce qu'on allait faire d'eux ? On les a envoyés à l'autre bout de la plage, vers la police militaire qui avait aménagé une sorte de camp avec des barbelés. Là-bas, il n'y avait pas que des Allemands : des Polonais, des Tchèques. On les a remis aux autorités anglaises, puis on a continué notre route.

On est arrivés dans une ancienne ferme. Comme on ne trouvait pas le casino, on s'est dit qu'on allait s'y reposer parce qu'il n'y avait personne. Mais avant qu'on y entre, on a commencé à nous tirer dessus avec des mortiers. J'ai reçu des petits éclats, mais ce n'était pas grand-chose, quelques coupures. On a défait nos sacs, on a mangé un peu, et on a dormi. On ne savait plus trop quoi faire.

Puis on a repris le chemin et jusqu'à Amfreville. Les habitants étaient dans des abris. Ils sont sortis quand on leur a dit qu'on était Français. Ils étaient rassurés quand même. On a trouvé une voiturette pour y mettre tout notre équipement, et on a poursuivi vers Bavent. Là, il y a eu un coup d'arrêt. On a été stoppés, des Allemands se tenaient dans les bois. Alors on a creusé des tranchées, on a fait des abris et on s'y est enterrés, avec Kieffer et un docteur anglais qui nous a rejoints, un dénommé Kennedy. Par moments, on sortait de notre trou, la nuit, pour faire des patrouilles. Les Allemands ne bougeaient pas. On aurait pu croire qu'il n'y avait personne autour de nous. En fait, d'un côté comme de l'autre, on se préparait à l'attaque. On était planqués, camouflés dans nos trous.

Et un jour, le commandant Kieffer m'a demandé : « Va voir ce qui se passe dans le bois, dis-moi exactement ce qu'il y a là-bas ! » J'y suis allé avec Gouriou. En route, on a reçu un de ces tirs ! Moi, j'ai ramassé des éclats, l'un d'eux a traversé ma cuisse juste au ras de l'artère. Du coup, j'ai couru comme un lapin vers le docteur qui m'a affirmé : « C'est pas grand-chose, mais faut opérer ! » Il m'a fait une piqûre de morphine, puis il m'a installé dans une tranchée, j'étais bien protégé.

Le lendemain, on m'a embarqué sur une civière. On m'a amené en Jeep sur un terrain d'aviation où on m'a mis dans un avion Dakota. Il y avait plein de blessés dedans, bien installés, sur des lits superposés. Je me suis allongé, puis au bout d'un quart d'heure de vol, on m'a demandé si j'étais prêt à sauter. On parvenait encore à blaguer !

On est arrivés à Birmingham. J'étais alité dans un grand hôpital. On m'a opéré, suturé la cuisse. C'était bien ouvert mais ça ne saignait pas. Je suis resté quelques jours dans cet établissement. C'est là que j'ai retrouvé Bagot, qui était à l'hôpital aussi. On nous a envoyés nous reposer à Beaconsfield, une maison de convalescence pour les Français. Pas longtemps, juste ce qu'il faut pour se remettre. On ne mangeait rien, on allait au bistrot, on n'avait pas d'argent.

Les Anglais sont quand même forts : comme nourriture tout ce que j'ai eu, c'était du riz en conserve. Mais bon, ça nous allait, c'était la guerre ! On pouvait supporter beaucoup de choses... Un de nos copains, Louis Lanternier, était plus malin que nous. Il avait fait la récolte dans les champs à Amfreville pour trouver des carottes, des poireaux, pour préparer une soupe. Mais cette soupe, je n'en ai pas vu la couleur ! On a cherché du cidre aussi.

À la fin, il fallait repartir en France. D'abord, on nous a envoyés deux ou trois jours dans une caserne anglaise. Puis on s'est mis en route pour la Belgique, parce que le Commando n° 4 y était arrivé. Il était déjà installé dans une ville, De Haan. Là, j'ai retrouvé tous mes copains, ceux qui n'avaient pas été tués ou blessés.

On nous a donné un peu d'argent belge, presque rien. On a bu un coup, puis hop ! plus de sous ! On est restés quelque temps à De Haan. Puis tout à coup, on a pris des camions anglais pour se préparer à débarquer en Hollande.

Entretien réalisé le 21 juillet 2004.

André Bagot
27 ans le 6 juin 1944

André Bagot

(1916-2005)

André Bagot est né le 22 septembre 1916 à Étables-sur-Mer (Côtes-du-Nord). Pupille de la Nation après la mort de son père aux Dardanelles, il reçoit une éducation patriotique et poursuit des études secondaires à Saint-Brieuc jusqu'au bac. Il choisit alors l'École de maistrance à Brest. Après son succès au concours d'entrée, il y suit sa scolarité sur le bateau école *Le Montcalm* durant une année. Voulant naviguer sur le pont, mais gêné par une vue défectueuse, il choisit l'École de radiotélégraphie à Toulon. Très vite, il quitte le métier de radio pour devenir hydrographe à Paris en 1938. Il est affecté sur l'aviso *La Suippes*, réarmé pour la guerre d'Espagne pour faire le contrôle de non-intervention. Après ses études dans la capitale, André Bagot fait partie de la mission hydrographique basée à Granville « Groix-Belle-Île » en 1938, puis en 1939 à Jersey et Guernesey.

À partir d'avril 1939, il est affecté à Granville sur le navire hydrographe *Tourteau*, rapidement transformé en dragueur de mines. Nommé second à bord, il se trouve être le véritable chef du bateau. Il effectue des missions de dragage de mines au sein d'une flottille de dragueurs franco-britanniques à Cherbourg, puis au Havre, avant de rejoindre l'Angleterre le 16 juin 1940 à cause de l'arrivée des Allemands. Après s'être séparé de son équipage, il se rend à Londres et s'engage dans la marine de la France libre le 20 juillet 1940. Affecté en tant que chef radio sur le patrouilleur *Vikings*, il prend part aux escortes de convois dans l'Atlantique jusqu'à son débarquement à Douala.

Là, il est chargé par les Américains de refaire les cartes des quais de la ville dont le port pourrait devenir un grand lieu de débarquement pour le matériel américain. Parvenu à la fin de sa mission, il s'engage en septembre 1941 dans le 2e BFM de passage à Douala, en route pour le Moyen-Orient.

Il se voit chargé de monter une école de radio pour la défense des côtes de Syrie-Liban à Beyrouth où il est installé avec le bataillon. Après la dissolution de ce dernier en mars 1943, André Bagot retourne en Angleterre en juin 1943. Il monte alors à bord du torpilleur *Bouclier* comme commandant. Débarqué pour cause de panne de chaudière, il est ensuite affecté à la caserne Bir-Hakeim, près de Portsmouth, où il est chargé de la discipline en tant qu'adjoint en second du commandant du camp. Mais les mauvaises relations qu'il entretient avec celui-ci le poussent à quitter ce poste et à demander son affectation dans les commandos.

*

Après avoir effectué toute la campagne des Pays-Bas, André Bagot quitte la marine nationale en 1946. Il deviendra ingénieur dans la vie civile, travaillant longtemps en Afrique, avant de se retirer en Bretagne, à Port-Blanc puis à Tréguier.

André Bagot est décédé le 12 juillet 2005 à Brest. Ses cendres ainsi que celles de son épouse ont été dispersées en mer au large de la plage de Colleville-Montgomery le 6 juin 2006, selon leurs dernières volontés.

Kieffer représentait les batailles futures, l'engagement

Quand mon commandant a accepté de me laisser partir, j'ai intégré les commandos. J'ai fait ma formation, non pas en Écosse à Achnacarry, mais au pays de Galles. J'ai suivi le cours de Wrexham, avec ceux de la section K Gun, Senée, et surtout Amaury, le chef. Je n'ai pas eu de difficultés particulières pendant le stage, j'étais solide à l'époque. Le commandant Kieffer est venu contrôler l'entraînement, ça lui a plu. J'étais heureux de le voir pour la première fois, il représentait pour nous les batailles futures, l'engagement... Ensuite, on est allés faire un exercice dans le nord de l'Écosse, à Nairn, puis à Bexhill où j'ai retrouvé mes copains du 2e BFM.

Après Bexhill, on est descendus dans le sud de l'Angleterre, dans un camp tenu secret à Titchfield, juste avant le Débarquement. Il était gardé nuit et jour. Là, on ne nous a pas montré les lieux où on arriverait, mais la côte. On s'est entraînés à gravir des collines. Ce littoral dont on nous parlait, beaucoup ne l'ont pas identifié parce que les noms n'avaient pas été donnés. Mais moi, je les connaissais : pendant la guerre, je draguais devant Ouistreham.

J'ai donc reconnu l'endroit mais je n'ai rien dit, on n'en parlait pas. J'ai pensé tout de suite à ma famille, même si je ne lui avais donné aucune nouvelle depuis que j'étais parti en 1940. Elle était la seule à croire que j'étais en vie. Mon jeune frère était dans la marine à Brest, et il donnait au service de renseignement britannique les mouvements des bateaux allemands. La marine française l'avait arrêté et mis en prison. Je crois qu'il y est resté deux ans avant d'être relâché. Il m'a raconté après la guerre qu'ensuite, les Allemands l'ont capturé et lui ont demandé où j'étais. Il leur a répondu : « Il est mort ! » Eux, ils ont rigolé. Alors il a compris que j'étais vivant, mais il a été envoyé en Allemagne.

Pour en revenir à Titchfield, quand on est enfin sortis de ce camp, ça a été pour monter à bord de barges de débarquement. Je me souviens avoir été peu angoissé. Il faut dire qu'on était déjà très entraînés, exactement comme ils le voulaient ! Sur le bateau, la nuit, le commandant Jack Berry m'a offert à boire, mais je n'ai pas voulu. Je me rappelle aussi l'équipage qui était très jeune. Je ne sais pas s'ils savaient que l'on débarquerait, mais quand on est arrivés à terre et que les Allemands tiraient de tous les côtés, les matelots se sont sauvés. Mais pour descendre, il fallait pousser les échelles. Alors on a été obligés de les installer nous-mêmes. Enfin, c'étaient des gamins…

Notre objectif à ce moment-là, c'était de traverser la plage, d'aller nous réfugier dans une colonie de vacances et d'y déposer nos sacs. Ensuite, on a attaqué les Allemands, notamment dans un château… Après, on a nettoyé tout le long de la côte pour les déloger.

On progressait par sections, moi à la tête de la mienne. Après avoir pris tous ces blockhaus le long de la grève, nous devions revenir à nos sacs. Pendant ce temps, la troop n° 1 s'était occupée du casino. Comme nous, elle est revenue par sections, on a repris nos affaires et on est partis. On est passés par Saint-Aubin-d'Arquenay et on est arrivés au pont de Bénouville. Là, on a chassé les Allemands et on s'est installés à Amfreville, chez Bernard Saunier, à la ferme. On est restés retranchés avec l'ennemi en face, au bout du champ. Cette guerre de positions, cette guerre de tranchées, a duré plusieurs semaines.

Puis on a changé d'emplacement, on est allés à Bréville. J'ai été blessé à la tête dans le bois de Bavent le 4 août. On m'a enlevé la balle en passant par le nez, sous l'œil... Alors j'ai été évacué en Angleterre par avion. Je suis allé à la maison de repos de Beaconsfield. Lorsque j'ai été guéri, je suis retourné à l'entraînement, je ne sais plus dans quel pays, et puis je suis reparti en Hollande en novembre 1944 pour de nouveaux combats.

Entretien réalisé le 23 juillet 2004.

Joseph Guilcher
21 ans le 6 juin 1944

Joseph Guilcher

(1923-2013)

Joseph Guilcher est né le 9 mars 1923 sur l'île de Sein. Il travaille d'abord comme apprenti dans la boulangerie de ses parents sur place. C'est à l'occasion de la rediffusion, le 22 juin, de l'Appel du 18 juin du général de Gaulle, capté sur un poste radio, que Joseph Guilcher, comme la grande majorité des pêcheurs de l'île – 128 hommes au total –, décide de rejoindre l'Angleterre.

Le départ s'effectue le 24 juin 1940 à bord de la vedette *Velléda*, sans destination précise. Il débarque à Penzance, en Cornouailles, avant d'être dirigé vers Londres. Il signe son engagement dans la marine de la France libre en novembre 1940 et rejoint le *Courbet* en rade de Portsmouth.

Il est affecté en avril 1941 comme boulanger sur l'*Anadyr*, cargo de l'Armement militaire des bateaux de commerce, à bord duquel il effectue plusieurs voyages en Afrique avant de réembarquer sur le *Courbet* jusqu'à son désarmement début 1943. C'est lors d'un transit par la caserne Bir-Hakeim près de Portsmouth qu'il se porte volontaire auprès du commandant Kieffer pour devenir commando. Il effectue son stage à Achnacarry avant de rallier le Commando n° 10 à Eastbourne au sein de la troop n° 8 de Charles Trépel.

Il est alors choisi par le lieutenant Hulot pour participer à un raid de sondage, finalement annulé au dernier moment. L'entraînement reprend à Eastbourne jusqu'en mai 1944, avant qu'il intègre le Commando n° 4 du colonel Dawson en vue du Débarquement.

*

À partir du 1er novembre 1944, date du débarquement à Flessingue aux Pays-Bas, Joseph Guilcher est de tous les combats jusqu'à la fin de la guerre avec le 1er BFMC. Démobilisé à Brest en octobre 1945, il retourne vivre sur l'île de Sein, où il reprend son métier de boulanger, avant de devenir employé à la criée du Guilvinec. Joseph Guilcher est décédé le 1er janvier 2013 à Pont-l'Abbé, deux mois avant ses 90 ans. Il a été l'unique Sénan du Commando Kieffer.

Tout ce bruit…

En avril ou mai 1944, on est passés au Commando n° 4, sous la direction du colonel Dawson. J'ai entendu dire que c'était lui qui avait demandé que les Français viennent avec lui. On est descendus à Bexhill avant d'être consignés dans un camp à Titchfield pendant quinze jours. On était prêts, on avait hâte. On n'avait pas le droit de sortir, pas le droit de parler à ceux qui passaient à côté. C'était bien. Il y avait une cantine, on sortait pour faire des exercices, des manœuvres, pour se tenir en forme.

On nous a montré des photos aériennes, des maquettes en relief de la plage du Débarquement, avec des noms dessus, notamment polonais, mais ils n'étaient pas vrais. On nous montrait sur des tableaux les endroits où on devrait débarquer, où on devrait se rendre, les chemins… On y travaillait presque tous les jours, on avait hâte d'y être. On pensait à nos familles, moi à la mienne. Je n'avais pas trop de nouvelles. Une fois, par la Croix-Rouge, j'ai reçu une lettre d'une cousine qui habitait en Tunisie, quelques mots seulement. J'avais aussi un oncle qui avait quitté l'île de Sein, mais sur un autre bateau que moi. Depuis, il vivait de la pêche en Angleterre, à Penzance. De temps en temps, j'allais le voir.

On a embarqué une première fois, le 4 juin je crois. Mais la date a été décalée d'une journée, le 5. Alors la pression est montée d'un cran, c'était annulé, on était déçus. On avait rendu nos couvertures, tout ce qu'on avait. On attendait. Lord Lovat, le patron de tous les commandos, nous avait fait un discours la veille. Il avait réuni les Anglais et nous, les Français. Il nous avait parlé en anglais et, pour finir, il avait dit en français : « Demain matin, on les aura ! » À ce moment-là, j'étais à la troop n° 8 dans la première section, celle de Hulot et Lavezzi, le second maître.

On a fini par embarquer sur les barges le 5 juin. Pendant la traversée, certains jouaient aux cartes. Moi, je n'y connaissais rien, alors je m'allongeais et, de temps en temps, je montais sur le pont, j'y passais la tête, juste pour le cas où je verrais quelque chose. Il faisait nuit. Des chasseurs français nous survolaient, et tous ces bateaux…

En arrivant sur la plage, on devait sauter dans l'eau puis courir en haut de la dune. Mais ce n'était pas facile, ça remuait pas mal. Il fallait filer avec les sacs sur le dos, monter près des barbelés, déposer les affaires. Il y avait du bruit. Tout ce bruit… On est ensuite partis vers le casino, on progressait par groupes. J'étais avec la section Hulot. Lofi était de notre bord. La troop n° 1 était partie par la route… C'est quand on s'est approchés de Ouistreham que j'ai été blessé, avec cinq ou six autres. On a eu un tué également, Létang. J'ai reçu des éclats d'obus au talon, d'autres dans le dos. C'est l'infirmier Bouarfa qui m'a soigné. Il m'a mis un pansement. À côté de moi, Reiffers a aussi été touché. On est restés là tous les deux, on ne pouvait pas marcher. Plus tard, on m'a enlevé deux éclats du talon. Sur le coup, je n'avais rien senti dans mon pied. Ce sont ceux que j'avais dans le dos qui m'ont fait le plus souffrir. Quand j'ai essayé de me relever, je ne pouvais pas poser le pied. Obligé de rester là…

Lorsque j'ai pu marcher, j'ai rejoint la troupe. Certains ont porté Reiffers sur une porte qu'on avait trouvée, sur la grande route. Moi, j'ai avancé avec mon fusil, en sautillant. On est restés toute la journée dans un fossé. On voyait les autres qui montaient en ligne, les chars, les camions. L'après-midi, on a aperçu deux femmes qui allaient traire les vaches. La vie continuait, ça s'était calmé à ce moment-là. Le soir, un civil est venu pour nous, je crois que c'était le maire. Il avait une voiture et nous a emmenés dans une école où il y avait beaucoup de blessés. C'est là qu'on a passé la nuit. Les Anglais sont venus nous chercher le lendemain matin. On est allés sur la plage en attendant d'embarquer.

J'ai été évacué avec Reiffers par une grande barge. Après, je ne l'ai plus revu. Lui était plus gravement blessé que moi. On est arrivés à Portsmouth et, de là, on est montés dans un train pour rejoindre l'hôpital de Stoke-on-Trent. J'y ai été soigné deux mois. Auparavant, on avait passé la nuit dans un établissement canadien qu'avait aussi rejoint le lieutenant Pinelli... Puis on est partis en voiture en compagnie d'une femme militaire britannique, une ATS, qui est venue nous chercher pour nous envoyer à Beaconsfield, une maison de repos pour les Français, à côté de Londres. J'y ai retrouvé des copains que je connaissais, des marins, et même mon oncle. Il était malade.

Quand le bataillon est rentré de Normandie, je l'ai rejoint. On a recommencé les entraînements et on a eu quelques jours de permission. Je les ai passés en Angleterre car je ne pouvais pas rentrer en France. Certains y sont retournés, dans les zones où le pays était libéré. Pour moi, ce n'était pas possible et je suis resté...

Après, ça a été la Hollande.

Entretien réalisé le 25 octobre 2002.

Otto Zivolhava (au centre, avec le foulard blanc)
22 ans le 6 juin 1944

Otto Zivolhava
Alias Jean Gauthier, Zivo

(1922-2010)

Otto Zivolhava est né le 14 juin 1922 à Vienne. À l'issue de sa scolarité, il intègre une école commerciale. Au lendemain de l'annexion de son pays par Hitler en 1938, sa famille n'est pas inquiétée, mais la situation se dégrade rapidement. À 16 ans, il décide de quitter son pays avec l'aval de ses parents. Il parvient à se réfugier en Suisse puis en France. Il trouve un travail de décorateur à Paris. Surpris par la guerre en septembre 1939, menacé d'arrestation et d'internement en tant que ressortissant autrichien, il s'engage dans la Légion étrangère sous le nom de Jean Gauthier durant la Drôle de guerre. Après l'armistice, finalement arrêté, il est interné au stade de Colombes puis au camp de Meslay-du-Maine avant d'être intégré dans une compagnie de travailleurs dans un deuxième camp non loin de Château-Gontier, puis dans un autre, près de Carcassonne, et enfin à Albi d'où il parvient à s'échapper.

Embarqué à bord d'un bateau avec une fausse permission, il est de nouveau arrêté, et séjourne quatre semaines dans un camp anglais à Casablanca, puis à Dakar. Bien décidé à rallier l'Angleterre, il embarque sur un navire pour la Sierra Léone et réussit à gagner l'Angleterre tant bien que mal après deux naufrages successifs dans l'Atlantique.

C'est finalement à Oban, en Écosse, au nord de Glasgow, que Otto Zivolhava débarque en novembre 1940. Interrogé par Scotland Yard et par l'Intelligence Service à Londres, il signe son acte d'engagement dans la France libre en novembre 1940. Envoyé au quartier général de la France libre à Gordon Street, il est tout de suite employé comme clairon. Il se porte volontaire pour les commandos au début de l'année 1942 lorsque Kieffer recrute ses premiers éléments. Après le passage obligatoire au stage d'Achnacarry, il intègre la troop de Charles Trépel au sein du Commando n° 2, puis du Commando n° 10, et enfin du 1er BFMC au printemps 1944.

*

Blessé au cours de la bataille de Normandie, Otto Zivolhava ne participe pas au débarquement à Flessingue le 1er novembre 1944. Mais, de retour au Commando à partir de décembre 1944, il est de tous les combats aux Pays-Bas puis en Allemagne. Une fois démobilisé après la guerre, il travaille dans les relations publiques pour une importante société anglaise. En 1949, il se fixe définitivement à Paris et crée sa propre entreprise de maroquinerie qu'il développe jusqu'à sa retraite, à l'âge de 72 ans.

Otto Zivolhava est décédé le 6 avril 2010 à Paris. Il a été inhumé à Ouistreham Riva-Bella.

Il n'y avait pas de ticket de retour

Quand on est descendus à Bexhill, tout le monde était impatient et entraîné, prêt pour le Débarquement. On est entrés dans un camp gardé à Titchfield. Là, on ne pouvait pas parler. On a tous su où étaient les lignes, où était Ouistreham. Certains avaient reconnu les lieux sur les maquettes : Bagot, Ropert, et surtout de Montlaur, qui m'avait dit : « Ah, j'ai laissé du fric là-bas, au casino ! » Il y avait des photos aériennes, on voyait la Seine, une baie. Moi, je ne connaissais pas. Vous m'auriez montré la carte d'Autriche, ça aurait été différent !

À ce moment-là, j'étais le chef d'un groupe de douze à quinze hommes. Il y avait deux groupes par section. Entre les deux troops, n° 1 et 8, on avait ajouté la section de mitrailleuses K Gun et puis une autre, de radios. Deux seconds maîtres étaient mes adjoints.

L'embarquement, je n'avais pas du tout l'impression que c'était une affaire gigantesque. On a donc quitté notre camp qui était gardé par des Noirs américains principalement, c'était en fin d'après-midi. Personne n'aurait pu imaginer que ça pouvait exister. On ne pensait pas qu'il y aurait tous ces bateaux, toutes ces péniches avec les échelles… On restait allongés. On attendait qu'on nous donne le numéro de notre barge. Toutes étaient numérotées. La nôtre, c'était la n° 527. On nous a demandé de vérifier nos armes, de voir si tout était en ordre. On nous a donné notre ticket « embarquement », comme pour les *ferry-boats*. Sauf que là, il n'y avait pas de ticket de retour.

Personne ne semblait avoir peur. On avait fait tellement d'exercices avec des barges : sauter dans l'eau, aller vers les doris[1], vers les bateaux pneumatiques, faire des kilomètres avec... À bord, on s'est partagé les armes, les sacs, les munitions. Tout avait été préparé. Chaque sac comportait trois bombes de mortier. On a armé des grenades, on en avait six, et des grosses munitions pour les pistolets-mitrailleurs Thompson et pour les colts, du 12 millimètres. Ceux qui possédaient des fusils touchaient les balles. On en avait apporté vingt, trente, quarante. On n'allait pas faire un concours de tir, mais c'était au cas où... Parce qu'on nous avait toujours appris à ouvrir le feu le moins possible, seulement si on était sûrs de toucher notre cible. Après avoir vérifié et armé notre matériel, on a pris une tasse de thé traditionnelle, un *tea pot*, et on a dormi un peu.

Vers 2 ou 3 heures du matin, Vourc'h a fait un petit speech. Moi, je ne trouvais pas cela nécessaire, mais enfin, il fallait bien qu'il joue son rôle. C'était le commandant de la troop n° 1. À bord de la barge, pendant la traversée, les soldats dormaient et jouaient aux cartes. Pour moi, c'était le poker. Avec Vinat. Je lui ai gagné 30 ou 40 livres.

Après, on est arrivés en vue des côtes. On nous a dit : « Mettez-vous en position. » Il y avait des fumées de toutes sortes pour camoufler nos bateaux qui s'étaient rassemblés à partir du point de rendez-vous de Piccadilly Circus. Le Débarquement était en route !

1. Un doris est une embarcation en bois à fond plat de 5 à 6 mètres de long qui peut être manœuvrée à l'aviron, à la voile ou à l'aide d'un moteur.

On n'imaginait pas qu'il y aurait ces milliers d'hommes et ces milliers de morts après.

Les marins anglais ont fait vite pour mettre les échelles en place, ils les ont poussées presque sur l'eau, là où était la plage. Ils étaient courageux, car les armes automatiques commençaient à tirer. J'étais devant, à côté de Kieffer. J'ai dit : « Ça va aller. » Il m'a répondu : « Oui, il n'y a pas de problème. » C'est là qu'on voit l'inconscience des gens. Les barges venaient de toucher terre, on a senti le choc des bateaux. Tout le monde s'est positionné le long des échelles. Le long du pont, il y avait des barrières en forme de tubes recouvertes d'une toile épaisse peinte en kaki. Je ne sais pas si c'est Vourc'h ou le commandant, mais quelqu'un a crié : « Camouflez-vous ! » J'ai regardé les autres, il n'y avait pas la moitié des commandos, mais on s'est tous baissés derrière cette toile. Je me disais que ça ne servait à rien, mais j'ai obéi à mon inconscient. Après, j'ai débarqué.

C'était la pagaille organisée, parce que la passerelle n'était pas stable. Elle tombait sur l'eau, la vague suivante la soulevait. Je me rappelle un gars qui était là, devant, déjà engagé sur la passerelle. D'un seul coup, il s'est assis : « Tu peux pas avancer comme ça, fais attention, mets-toi debout, tu marcheras mieux. » Il continuait à glisser sur l'échelle, assis… Alors je me suis engagé pour débarquer. Le malheureux n'a pas eu le choix : il a dû se relever. Et tous les deux, on a été à moitié projetés dans l'eau, on ne pouvait pas rester debout en équilibre. C'est à ce moment-là que j'ai vu Vourc'h et Pinelli, par terre. Il y avait aussi Casalonga, Piaugé… Un peu plus à droite, un autre groupe de blessés : Bucher, Beux... Beaucoup avaient été touchés et tués là, à 100 mètres, sur les dunes.

Je me suis dit qu'il ne fallait pas rester à cet endroit. J'ai fait signe à mon groupe d'avancer. On avait rendez-vous au coin sur la route de Lion. Il fallait arriver au moins à 8 heures moins le quart, on avait débarqué à 7 h 30. On devait faire vite. Parcourir 100 mètres, se soulever, se coucher, se relever. Chaque fois, ça pétait. On n'avait qu'un quart d'heure pour toute cette gymnastique, déposer les sacs du côté des murailles. Alors le commandant est venu. Je lui ai demandé ce qu'on devait faire... Il m'a répondu que ce n'était pas encore le moment de repartir, il était 8 heures. Ensuite sont arrivés Vourc'h et Mazéas, qui était blessé à la main. Il s'est mis à l'abri dans l'encadrement d'une porte de maison. Et puis de là, on est partis.

On s'est positionnés le long d'un muret parce qu'une mitrailleuse allemande tirait en travers. On ripostait dans sa direction. Un lieutenant ou un capitaine anglais, je ne sais pas, a crié « *Smoke !* » : il réclamait des bombes fumigènes pour la rue afin qu'on puisse la traverser. Je me suis dit : « C'est pas vrai, ils vont pas faire ça, les Anglais. » Eh bien si ! Ils se sont assis sur le muret et ils ont sorti leurs paquets de cigarettes. L'officier est devenu fou de rage, je crois qu'il aurait bouffé une dizaine de soldats : à son cri, tous avaient cru que c'était la pause cigarette ! Ce qui m'a le plus surpris chez eux, c'est leur flegme... Les choses se sont finalement arrangées, l'homme a lancé deux bombes fumigènes, des mortiers, pour enfumer les rues et nous permettre de passer, et ils sont repartis.

On a longé le mur, et à 200, 300 mètres, on a repris à l'intérieur, le long de la route. La troop n° 8 est allée de son côté. Elle a subi des pertes, des blessés et quelques morts. Lechaponnier a ramassé une rafale dans la poitrine, il était costaud. Il y a ensuite eu le petit lieutenant Hubert de la troupe K Gun, qui a été tué un peu plus loin. Quand nous sommes arrivés à l'angle de la rue Pasteur, on a bifurqué en direction de la plage. La troop n° 8, entre-temps, est remontée légèrement, on ne l'a pas aperçue. En chemin, j'ai tiré quatre ou cinq fois contre des Allemands qui couraient. Chez nous, Faure a été touché. Je ne sais pas ce qu'il a eu mais je ne l'ai plus vu. Le commandant Kieffer était blessé, il est venu chercher un char pour démolir le casino. C'était vraiment un exploit de convaincre l'Anglais de quitter son véhicule et de le lui donner. Pour une telle victoire, il méritait au moins la Victoria Cross. Quand je lui ai dit ça, il s'est marré.

Mais la prise du casino a quand même été difficile : les Allemands n'étaient pas partis, et il a fallu se battre. Si j'avais été à leur place, face à ces milliers de bateaux, à ces milliers d'avions, j'aurais fui ! C'était mieux de se barrer. C'est ce qu'ils ont fini par faire d'ailleurs. Il y a eu des coups, mais pas d'attaque à proprement parler. On a balancé des grenades partout où on passait dans les blockhaus. Chacun voulait neutraliser le sien, à tour de rôle. Les Allemands ont eu beaucoup de blessés et de morts. De notre côté, on a réussi à contrôler la plage jusqu'aux maisons où avaient été posés nos sacs. Mais l'attaque poignard entre les dents, c'est pour le cinéma !

Après la prise du casino, on a commencé à rencontrer des civils. Les gens se sont montrés un peu surpris de nous voir. Dans les bistros, ils disaient :

« Ils ont bien fait le débarquement les Anglais, ils ont vraiment fait bien, ils ont même appris aux soldats à parler français. » J'avais des bonbons et des gosses me tournaient autour, je leur en ai donné, avec du chocolat. Ensuite, on est retournés dans les ruines de l'ancienne colonie de vacances. Il était 11 heures environ. Tous les blessés avaient été rassemblés et allongés le long d'un mur. Il y avait là la troupe française, assise. Pendant qu'on était au casino, les blessés avaient été ramassés. On s'est rassemblés puis on est partis vers midi, on n'en avait pas encore fini avec Ouistreham.

Au lieu de nous transmettre les ordres par radio, des agents de liaison sont venus avec les plis pour nous dire : « C'est terminé ! Ne continuez pas à vous emmerder avec le casino, il est déjà à moitié pris. » Alors on est partis en direction de Saint-Aubin-d'Arquenay, qu'on a assailli en passant. Puis on a contourné la route de la mairie de Bénouville. Après, on a longé la localité en marchant très vite.

On a entendu de loin une cornemuse. Arrivés au pont, on a lancé des fumigènes et on est passés en deux files indiennes. J'étais dans la seconde, celle qui a pris à droite de l'édifice, là où se trouve encore le canon. Il y avait un blockhaus au coin, j'ai jeté deux bombes fumigènes, comme ça, le brouillard était bien dense. Une mitrailleuse était positionnée tout au bout, un peu sur les hauteurs, elle nous tirait dessus. Il visait bien, le type, parce que devant moi, Derrien, Querré et deux autres hommes ont été touchés. Un gravement, en sang, le ventre en l'air, l'autre dans les vapes, une rafale dans le dos, et Derrien et Querré, tous deux une balle dans la jambe. Querré avait le mollet qui pendouillait. Avec un mouchoir, on lui a attaché ça. Peut-être qu'il y avait une greffe ou quelque chose comme ça à faire, il était à terre. Alors pour porter les gars et les installer de l'autre côté du pont, j'ai demandé de l'aide aux paras. C'était vers 3 heures, 3 heures et demie. Au même moment, les gars continuaient vers Amfreville.

Moi, je suis resté le temps qu'il fallait à Bénouville. La nuit était tombée. Je me suis arrêté au pont et j'ai demandé au major où étaient les commandos français… Il m'a répondu : « Vous allez tout droit, vous verrez une grande croix, vous tournez à gauche et marchez un ou deux kilomètres, et après, vous prenez à droite, quand vous voyez une rue qui monte. » Je devais m'aventurer là-bas. J'avais Gadou avec moi. Alors qu'on était sur la route, on nous a tiré dessus. Les Allemands s'étaient réfugiés dans les planeurs anglais et j'ai pensé que si on continuait à essayer de chercher les commandos, on allait se faire flinguer. Depuis les appareils, pas mal de coups de fusil sont partis. J'ai vu Hulot, assis par terre. Il était déjà plus bas sur la route. Il voulait se rendre au quartier général pour se faire panser le pied ou la jambe. On avait aussi ramassé Richemont. Il était là, il ne savait pas quoi faire. Je lui ai dit : « Viens avec moi, je t'amène chez les commandos. »

On a décidé qu'on passerait la nuit au quartier général des commandos que les Anglais avaient installé dans un bistrot, à gauche du carrefour de l'Écarde. Les autres étaient déjà partis à Amfreville. J'ai pensé qu'on ne devait pas s'aventurer tous les trois, ni attaquer l'armée allemande… On allait attendre le matin pour y voir plus clair. À 6 heures, les Anglais nous ont donné deux ou trois fusils, des armes, et on est montés à pied jusqu'à Amfreville.

Il y avait pas mal de blessés chez nous, et plus beaucoup de monde pour les soigner. Bolloré et Vinat. C'est tout... Vinat, c'était un ancien infirmier. Depuis Amfreville, on est redescendus une première fois à l'Écarde, le 7 juin, pour effectuer une patrouille. On nous avait envoyés là pour nettoyer le coin et déloger les Allemands qui occupaient la zone jusqu'à Sallenelles. En descendant légèrement vers le canal, il y avait une espèce de maison pour mettre le foin. C'est là qu'ils nous ont attaqués avec des bombes et des mortiers de deux pouces. On s'est réfugiés comme on a pu dans cette baraque qui était assez solide. J'étais avec Vinat, Bolloré et Boccadoro. Il y avait un autre groupe un peu sur notre gauche. Eux n'ont pas eu le temps de se mettre à l'abri, et c'est comme ça que Le Naour et Le Morvan ont reçu des éclats un peu partout. Le sang coulait de leurs mains blessées.

Plus tard, le 11 juin, Vinat a été tué à l'Écarde, où on avait patrouillé avec de Montlaur. Pour ce type de sorties, on était en contact radio et on avait des liaisons à bicyclette. C'était notamment le boulot de Maurice Chauvet, un type très courageux. Il a fait le chemin à bicyclette jusqu'à Hauger, à Amfreville, où se trouvait un quartier général. C'était le 6, le 7 et le 8 juin. Il est descendu jusqu'à l'Écarde, notre autre quartier général. Tous les jours, il roulait comme sur une allée du bois de Boulogne.

On est restés à Amfreville un long moment pendant lequel on a fait des patrouilles, notamment une grande avec les Anglais, quand le grand Laot a été tué. On avait un point de chute à la ferme de Longuemare, où on pouvait trouver des poulets et des œufs, l'occasion d'améliorer un peu l'ordinaire avec les paysans du coin. Il y a eu de l'entraide, je ne dis pas. Mais certains d'entre eux nous ont reproché d'avoir plus démoli en trois jours que les Allemands en trois ans. Je dois d'ailleurs dire que l'accueil des civils n'a pas été comme celui qu'on voit au cinéma, quand les chars avancent et que la foule les acclame. On n'a vu ça nulle part, sauf au Débarquement, lorsque certains sortaient de leurs trous comme des rats. Sinon, jamais.

Lors de la contre-attaque du 10 juin, on était toujours à Amfreville, à gauche de l'église. Au bout de la haie, un chemin menait à un petit bois. Là-bas, il y avait une grande tranchée en zigzag, et plein d'Allemands dedans. On a tiré avec les mortiers et on les a délogés. Puis on est revenus sur nos pas. On a trouvé de Montlaur et un volontaire normand qui nous avait rejoints le 6 ou le 7 juin. On a aussi vu un type à moitié crevé qui hurlait, un Allemand. On l'a ramené pour ne pas le laisser là. Nos ennemis, c'étaient surtout des jeunes Allemands, mais aussi des vieux, autour de quarante ans.

À Amfreville, on a bu un coup avec les civils, et je me suis fait avoir... Il y avait là le curé, de Naurois, avec une bouteille. On m'a dit que c'était du cidre. Quand de Naurois a fini de boire, j'ai attrapé la bouteille et j'ai avalé une gorgée. J'ai cru que j'allais exploser... C'était du vieux calvados. Tout le monde se marrait, et eux, ils buvaient ça comme du cidre !

Je suis parti très souvent en patrouille, parfois avec un haut-parleur, en demandant aux ennemis de se rendre. À un kilomètre ou deux de la ferme de Longuemare, il y avait des Allemands. Je leur disais :

« Rendez-vous, la guerre est finie, vous avez vu hier 4 000 avions, on va en recevoir encore 4 000, et si vous le voulez, on en aura 10 000 en l'air. Vous n'en avez pas un seul... » Certains cédaient par groupes de quatre ou cinq. La première fois, ça a été vers Sallenelles, j'étais avec Marcel Spinetta, qui avait rejoint les commandos après le Débarquement. Je ne sais pas comment il s'était débrouillé, mais il était monté à bord d'un camion. Personne ne l'avait vu, le véhicule était bâché. Il était arrivé comme ça en Normandie. Il était fusilier marin, pas commando. Il avait vu cette armada et, comme tout le monde, il avait compris que c'était pour le Débarquement. Alors il s'était dit : « Moi, je vais y aller aussi[2] ! »

J'étais avec lui quand on a capturé quatre ou cinq Allemands qui voulaient se rendre. Le colonel Dawson n'était pas toujours ravi, il trouvait que j'en ramenais trop, c'était *too much* ! Il me disait : « Laissez-les aux autres, à l'infanterie. Ça nous fera moins de boulot. » On les questionnait un peu au quartier général puis à l'Intelligence Service. Ceux-là, je les ai interrogés en leur demandant si, après Sallenelles, ils étaient encore nombreux, puis je suis parti avec un autre commando à l'entrée de la localité. Là-bas, il y avait un grand

2. Marcel Spinetta s'était engagé dans les FNFL en février 1943, à l'âge de 20 ans. Il avait été puni avant le Jour J et n'avait pu débarquer avec ses camarades. Il avait réussi à s'évader de la prison militaire de la caserne Bir-Hakeim près de Portsmouth, avait gagné le port pour embarquer clandestinement. Il a rejoint ses camarades lorsque ceux-ci étaient à Amfreville. Sa peine fut levée plus tard par l'amiral d'Argenlieu. Après avoir fait la campagne de Normandie, il a participé à celle de Hollande jusqu'à la fin de la guerre. Il a trouvé la mort brutalement lorsque sa moto a percuté un camion sur une route près de Lisieux en 1947. Il avait 24 ans. Il est inhumé au cimetière de Ranville.

blockhaus plat, un rond avec des ouvertures pour balancer des grenades si quelqu'un venait. J'ai pris la précaution d'aller jusqu'aux maisons pour pouvoir m'abriter. Arrivé devant le village, j'ai vu des Allemands et, à droite, une Jeep pleine de sang. La patrouille qui nous avait précédés avait dû les faire prisonniers. Ma mission consistait à récupérer des affaires laissées là, des radios, des haut-parleurs, et à ramener si possible les camarades.

Georges Gicquel avait été blessé au cours de ce raid. Il aurait dû revenir vers nous et, avec nos haut-parleurs, on lui criait : « Gicquel, viens ici, vers nous, cours vers nous. » Mais il avait perdu le sens de l'orientation et comme on avançait un peu dans le champ des Allemands, ils ont commencé à tirer. Je me suis dit qu'on allait se faire flinguer. Alors on est repartis par la route, jusqu'à Amfreville.

Quelques jours plus tard, je suis retourné à Sallenelles avec plusieurs gars, je ne voulais pas y aller tout seul. On a marché vers le blockhaus et on a ramassé le matériel qu'on était venu chercher, les haut-parleurs, tout ça… On s'est avancés jusqu'à l'entrée du village. Et dans le village, qu'est-ce qu'on a vu ? Gicquel ! Pendu par les pieds. Il était mort. Je ne l'ai pas laissé, je l'ai décroché. Il avait reçu plein de balles de fusil ou d'arme automatique. Les Allemands s'étaient entraînés sur lui pour tirer… On l'a donc ramené.

Ça m'a rappelé la fois où, Scherer et moi, on avait ramassé Laot. Ça tombait ce jour-là, c'est incroyable comme ça tombait : des bombes, des mortiers, par quantités énormes, par centaines. Ils avaient lancé des fusées éclairantes avec des petits parachutes, le ciel en était rempli, on se croyait en plein jour. Et Laot avait été tué au cours d'un énorme cafouillage. Je ne sais pas ce qui s'était passé, mais il avait l'ennemi aux fesses. C'était la pagaille, parce que les Anglais tiraient en même temps que les Allemands qui nous balançaient leurs bombes éclairantes... Alors Scherer m'avait dit : « Écoute, on va cacher Laot, de toute façon, le malheureux est mort. On va le cacher et chercher le chemin du retour. » Parce qu'entre-temps, les autres gars de la patrouille s'étaient repliés. Ce sont finalement les Anglais qui s'étaient occupés du corps de Laot.

Après Amfreville, on a pris la direction de Bréville qui avait été bombardée, deux jours avant. Il ne restait plus que des ruines. Plus loin, des Anglais avec des mortiers de trois pouces. On s'est installés près d'eux, à côté de deux ou trois fermes : on a creusé des trous pour se protéger.

On est restés à Bréville et dans le bas de Bavent, qu'on a pris au mois d'août. On a patrouillé des centaines de fois. Moi, je l'ai bien fait à quarante reprises. Quant à la troop n° 8, disons vingt ou trente. On s'embêtait tellement que tout le monde voulait y aller. C'était aussi pour énerver les Allemands, pour savoir s'ils étaient toujours dans le coin. Eux faisaient pareil.

On s'est ensuite préparés pour attaquer l'Épine. On a attaqué sur la Dives. L'ennemi avait détruit les ponts, mais comme il n'y avait pas beaucoup d'eau, on pouvait traverser. Après, on est montés en haut de la côte, et on a délogé tous ceux qui s'y planquaient, il y en avait pas mal. Ensuite, ça a été la bataille de l'Épine. Ce n'était pas une grosse attaque, mais on risquait de s'y faire tuer quand même ! Lofi et Kieffer, qui était revenu, commandaient ensemble. Alexandre Lofi était bien pour prendre des initiatives, mais moi, je ne l'ai pas vu à l'Épine. Il était au quartier général avec le commandant. Quant à Kieffer, je ne l'avais pas beaucoup croisé, parce qu'il avait été blessé à la plage. Il était revenu fin juillet.

Au cours de cette bataille, j'ai attaqué un carrefour et j'ai été touché en descendant une rue. Je ne pouvais plus marcher. Comme j'avais un pansement sur moi, j'ai appuyé sur ma blessure et je l'ai fixé comme je pouvais. J'ai pu marcher jusqu'à la Dives. De l'autre côté de la rivière, tous les camions qui transportaient les blessés et le ravitaillement étaient arrêtés faute de pouvoir traverser. Ils attendaient le génie pour passer. Pour moi, c'était la fin, la guerre était finie. Les autres allaient avancer comme ça jusqu'à Beuzeville pendant que je repartais.

J'ai été évacué en Angleterre par avion, mais je ne peux pas vous dire lequel… On était trente à quarante dedans, couchés sur le sol, et on nous a transportés vers le sud du pays de Galles. À l'hôpital, on m'a opéré, on m'a enlevé la balle qui s'était logée en bas de l'omoplate. Deux mois plus tard, j'ai commencé la rééducation et, mi-octobre, j'étais en Belgique, à Breskens. Le commandant n'a pas voulu que je débarque le 1er novembre 1944 avec les bateaux à 6 heures du matin. Je suis donc resté au quartier général. Après la libération de Flessingue, on m'a demandé de retourner à Westminster pour continuer à me faire soigner à l'hôpital. Le 5 novembre, je me suis donc rendu à Ostende, et de là, j'ai pris un bateau qui m'a ramené en Angleterre puis je suis rentré à Londres. J'y ai fait ma rééducation pendant deux semaines. Ensuite, je suis reparti en Hollande en décembre 1944 pour rejoindre le Commando Kieffer.

Entretiens réalisés les 15 avril
et 7 mai 2003.

Robert Saerens
25 ans le 6 juin 1944

Robert Saerens

(1919-2009)

Né le 18 juillet 1919 à Arcey, dans le Doubs, Robert Saerens entre à l'École des mousses le 3 avril 1936. Il effectue sa scolarité à l'École des fusiliers marins à Lorient de janvier à août 1937. Il embarque en février 1939 à bord de l'aviso *Bougainville*, pour des opérations dans l'océan Indien. En septembre 1939, il apprend la déclaration de guerre lors de son passage à Djibouti. Au printemps 1940, le *Bougainville* est de passage à Toulon pour un rééquipement avant un départ pour Casablanca et Dakar. C'est devant cette ville que Robert Saerens apprend l'armistice de juin 1940.

Au moment de l'« affaire du Gabon », lorsque les forces gaullistes, aidées des Anglais, tentent de rallier à leur cause les autorités du pays restées fidèles à Vichy, Saerens fait partie, comme chef d'un groupe de mitrailleuses, du corps de débarquement du *Bougainville* destiné à défendre Libreville contre les Anglais et les Français libres. Fait prisonnier à l'issue des combats du 9 novembre 1940, il est gardé par le 1er BFM. Pour continuer la guerre, Robert Saerens prend la décision de s'engager du côté de la France libre en février 1941. Il intègre alors le 2e BFM.

Après une période passée au Cameroun, il part avec son unité en direction du Liban en 1942 participer à la défense des côtes libanaises. À la dissolution de son bataillon, Robert Saerens se porte volontaire pour les commandos en Angleterre. Après un passage au centre de tri de Patriotic School à Londres, il s'entretient avec Kieffer, avant de rejoindre à Eastbourne les rangs du Commando interallié n° 10, puis le centre d'entraînement d'Achnacarry en Écosse, pour le stage commando. Breveté, il est alors incorporé à la nouvelle troop n° 8 de Charles Trépel.

Au cours de l'automne 1943, il est choisi par le lieutenant Hulot pour effectuer un raid sur Jersey. L'opération a lieu dans la nuit de Noël, mais il ne débarque pas, restant en poste sur la vedette rapide. De retour en Angleterre, il participe ensuite aux préparatifs du Débarquement.

Robert Saerens est ensuite intégré au Commando n° 4, puis à la section de mitrailleuses K Gun en tant que chef de groupe.

*

Robert Saerens participe à la campagne des Pays-Bas et d'Allemagne au sein du 1er BFMC. Une fois la guerre terminée, il poursuit son engagement dans la marine en Indochine et en Algérie. Il devient l'un des premiers instructeurs commandos marins français au centre Siroco, affecté aux Commandos Trépel puis de Penfentenyo. Il commande à partir de 1954 une compagnie de marins-pompiers de Marseille. Puis il devient adjoint au commandant du groupement de fusiliers marins et commandos de Lorient jusqu'à sa retraite en 1975, après trente-neuf années de services. Il termine au grade d'officier en chef des équipages.

Robert Saerens est décédé le 21 janvier 2009 à Lorient. Il a été inhumé au cimetière de Kerletu, à Lorient.

Je me suis dit : « On y est !
Cette fois, c'est la bonne ! »

En avril 1944, j'ai rejoint la troupe du lieutenant Amaury. Chez Alexandre Lofi, tout le monde se connaissait. Mais à la section K Gun, c'était différent. Elle était formée de beaucoup de gens venus d'ailleurs, notamment de l'armée de terre, comme Coste, le lieutenant Hubert, Amaury lui-même. La section K Gun était divisée en deux groupes de deux mitrailleuses et une équipe de commandement, un radio, une estafette. Moi, je dirigeais une section de deux mitrailleuses. L'une était servie par Piriou, l'autre par Cartier.

À la fin du mois de mai 1944, on est descendus à Bexhill, puis ça a été le camp de Titchfield, coupé du monde. À cette époque, le sud de l'Angleterre était impressionnant. L'endroit était immense, mais d'une organisation remarquable. Quand on est arrivés, on nous a donné tout de suite notre logement. Il y avait un foyer, tout était vraiment bien préparé. Mais les lieux étaient protégés par des barbelés et on avait interdiction de communiquer avec l'extérieur. On a alors commencé à travailler sur des cartes anonymes. La section K Gun, la troop n° 8 et la troop n° 1 découvraient leurs objectifs et leurs itinéraires, et la jonction à faire plus loin... Tout cela sur des maquettes et des plans non renseignés. Les cartes complètes, on les aurait plus tard, sur le bateau, le soir. On a aussi été briefés quotidiennement, à tous les échelons. Le dernier jour, il y avait eu un discours par le commandant, puis une allocution de Lord Mountbatten.

On s'est préparés à embarquer le 4 juin, mais on a dû faire demi-tour à cause du mauvais temps. On est retournés dans notre camp. Le lendemain, c'était le Jour J ! On nous a transportés sur les barges qui étaient au mouillage. À cet instant, j'ai ressenti un peu d'allégresse. Je me suis dit : « On y est, on y va ! Cette fois, c'est la bonne ! » Et en même temps, je mentirais si je n'avouais pas que je ressentais une certaine inquiétude.

Arrivés sur le bateau, on s'est rendu compte que la rade était couverte d'embarcations. C'était impressionnant car à ce moment-là, il faisait encore jour. On a démarré vers 21 heures ou 22 heures. J'étais sur la barge n° 523, celle de Lofi. La section K Gun avait été divisée en deux. Une partie était montée avec la troupe de Lofi, l'autre avec celle de Vourc'h. D'ailleurs, on retrouverait un peu ce partage en Normandie...

Pendant la traversée, j'ai plus sommeillé que dormi. Il faisait vraiment mauvais temps. À bord, le poste où on devait se reposer était sous le pont, avec les vapeurs d'essence, de gasoil... il faisait chaud. Alors je suis allé à l'extérieur, comme d'autres. La traversée m'a paru courte. Vers 5 heures du matin, on a été réveillés. Le soir, on nous avait distribué les cartes, mais on savait déjà où on se rendait. Vous savez pourquoi ? L'un d'entre nous, qui était du coin, avait reconnu les lieux. Alors aussitôt, on avait reçu l'ordre de ne rien dire. Mais on savait déjà, avant même de disposer des plans.

On devait débarquer à 7 h 30. On a vu passer les vagues d'avions, ensuite, il y a eu les bombardements d'artillerie de tous les côtés, y compris depuis des barges. À partir de 5 heures, on était prêts. Pour le débarquement, on n'avait pas perçu de matériel spécifique. Nos armes n'étaient pas particulièrement protégées. C'est ce qui explique que nos mitrailleuses ont eu des problèmes par la suite : elles avaient pris l'eau, elles avaient été traînées dans le sable. Mais je dois tirer mon chapeau à la marine britannique qui nous a vraiment débarqués à l'endroit prévu. Le cas contraire aurait changé beaucoup de choses pour nous.

Vers 6 h 30, les passerelles ont été préparées. Au moment où on se regroupait le long des bordages pour débarquer, la planche a été mise à la mer par l'équipage et on a commencé à descendre. Seulement, c'était plus profond qu'on ne le pensait. J'étais dans l'eau jusqu'au niveau de la poitrine. Quand on est chargé, avec un sac de 30 kilos et une arme, ce n'est pas facile. Ce n'est pas très élégant, la descente, si vous voulez. Ça s'est fait sur le derrière. Enfin, on était quand même un peu surpris d'être encore là quand on a touché le sable. On s'est dit que c'était toujours ça de fait. Et maintenant que j'y étais, je devais sortir de cette plage. La consigne était de courir tout de suite.

À la lisière de la grève, il y avait les barbelés qu'il a fallu couper. Un gars a pris la cisaille et s'y est attaqué. Nous, on était là, à attendre, et je me souviens toujours de ce char qui brûlait sur notre droite, il était équipé d'un rouleau pour faire sauter les mines. Mais il n'avait rien eu le temps de faire, il avait dû flamber directement en arrivant. Car après les barbelés, il y avait les mines. Est-ce que c'étaient des vrais champs de mines ? Des mines antichars, probablement, car elles n'ont pas explosé sous le poids des hommes. À cet endroit, on n'a pas eu de casse… Mais sur ma gauche et ma droite, des commandos avaient été tués en débarquant. La barge d'à côté avait eu sa planche arrachée et les gars avaient dû débarquer à partir de la nôtre. C'est comme ça qu'il y a eu des pertes à la troop n° 1.

Notre point de regroupement se trouvait dans les ruines d'une colonie de vacances. Cette traversée de la plage m'a paru dangereuse, à cause des mines et des tirs de mortier. On l'a terminée le plus vite possible. On a eu un peu peur. Dans ces cas-là, on est content de se retrouver de l'autre côté. On a laissé nos gros sacs et on a commencé la progression comme prévu. La troop n° 1 est partie rapidement la première pour repérer l'emplacement du casino. La troop n° 8 s'est dirigée vers le château de Colleville. Et nous, on a continué sur la route en longeant les rails. La section était regroupée.

C'est non loin du casino, tout près du gros blockhaus qui était notre objectif, qu'on a eu nos premières pertes et les premiers problèmes. La mitrailleuse s'est enrayée. Hubert était parti devant, avec le groupe Coste, sur le côté. On nous tirait dessus depuis les dunes, sur notre gauche. On a riposté un peu. Et puis ce blockhaus nous gênait. On s'est alors mis en position, mon groupe et moi, sur la droite. On a trouvé un trou d'obus et on s'est glissés dedans, pendant qu'Hubert essayait de progresser en tirant. C'est en se relevant pour me faire signe qu'il a été tué. À ce moment-là, ma mitrailleuse était tombée en panne alors que je tirais. Il a fallu la démonter dans le trou. Dès qu'une des armes a été en état, on a ouvert le feu, et en même temps, on a avancé.

L'autre groupe nous a rejoints. C'est comme ça qu'on s'est retrouvés à quatre mitrailleuses dans une maison au bord du blockhaus. Mais on ne pouvait plus attaquer, car à chaque fois qu'on levait le nez pour viser, la mitrailleuse du blockhaus nous tirait dessus. On était bloqués, on ne pouvait rien faire ! Amaury m'a alors demandé d'aller faire la liaison avec la troop n° 1 qui arrivait de son côté, de leur dire qu'on était là. Comme nos radios avaient été mouillées, elles ne marchaient plus. Je suis donc parti à pied avec mon groupe pour rejoindre celui de Bagot, mais on a reçu l'ordre d'arrêter de viser ce point : il serait traité plus tard au canon. On s'est alors regroupés à Ouistreham, on est repartis vers la colonie de vacances et on a repris nos sacs. Pendant ce temps, le débarquement continuait.

On a mangé un casse-croûte et on a commencé la progression vers l'intérieur. À Bénouville, on a été surpris par des snipers qui nous ont pas mal retardés : il a fallu en venir à bout. Les parachutistes britanniques tenaient le pont depuis la nuit, mais il y avait encore des nids de résistance allemands. Pour passer le canal en sécurité, on a dû employer des fumigènes qui nous protégeaient des tirs de harcèlement ennemis.

C'est en allant vers Amfreville que le lieutenant Amaury a été blessé au bras par une attaque isolée. J'ai donc pris le commandement de la section lorsqu'il a été évacué. À Amfreville, les Anglais nous ont obligés à creuser un peu en bordure de haie sous la pluie, pour se protéger. Et on s'est reposés. Notre mission était de tenir la position. On allait y rester un certain temps, plusieurs semaines. C'est là-bas qu'on a vraiment vu nos premiers civils. Ils étaient contents, mais certains en ont beaucoup profité. Je me rappelle qu'un fermier nous avait demandé d'aller chercher une de ses vaches qui avait été tuée... Mais dans l'ensemble, les contacts ont été bons. Les gens étaient épatés que des Britanniques parlent aussi bien français, et couramment en plus ! Tous semblaient enfin respirer d'avoir été libérés, et que des Français y aient participé.

Dans ma section, on travaillait toujours en deux groupes, un avec la troop Lofi, l'autre avec la troop Vourc'h. Les missions n'étaient pas trop difficiles. On s'entendait tous très bien. Les gens aiment bien être commandés, parce qu'ils savent qu'on s'occupe d'eux.

On a eu un bombardement assez important le 10 juin, avec de nombreux blessés et tués. On faisait des patrouilles de nuit dans le secteur, dans la zone du *no man's land*. C'était au moment de la prise de Caen. À cette occasion, on a vu des vagues de bombardiers se diriger vers la ville, ils sont passés toute la nuit au-dessus de nous.

Après, il y a eu les combats à l'orée du bois de Bavent, mais on n'a pas eu beaucoup de pertes. On était toujours dans des trous, on ne voyait rien, il y avait des moustiques… c'était pénible. Puis Alexandre Lofi a dirigé les combats de l'Épine. Les Allemands étaient déjà en cours de repli. On leur est tombés dessus par l'arrière avec nos mitrailleuses.

Après le 15 août et l'offensive sur Bavent, ça a été la course à l'échalote. Les Allemands allaient plus vite que nous et nous, on était toujours à pied. Sauf une fois ou deux où on a pris des camions. Oui, c'était la course, mais il n'y a plus rien à dire après les combats de l'Épine. On est arrivés dans la région de Honfleur, à Saint-Maclou. Et on est repartis en Angleterre par Arromanches.

Quand on a découvert le port artificiel, on a été bluffés ! On ne pensait pas que derrière nous, l'intendance avait autant travaillé. On est rentrés comme des voyageurs. On a repris une barge transport de troupes. On s'est regroupés du côté de Portsmouth, ceux qui pouvaient se rendre chez eux ont eu des permissions. Moi, je suis retourné à Lille. J'ai retrouvé mes parents qui ne savaient même pas que j'étais en vie. Je suis arrivé dans une France démantelée qui n'avait plus de réseau de communication. À tel point que j'ai dû faire de l'auto-stop depuis la capitale pour aller chez moi. Au retour, j'ai recommencé jusqu'à Paris. C'était la débrouille, pas le choix. Et toujours la même envie de rester dans les commandos, jusqu'à la fin de la guerre.

Tout le monde est rentré de permission dans les délais et nous sommes retournés en Angleterre. On a remplacé les équipements, on les a complétés, on a créé une nouvelle troop, on a été remis à neuf avant de repartir vers la Belgique pour préparer le débarquement de Hollande à Walcheren. À ce moment-là, il n'y avait plus de section K Gun, c'était fini. Son personnel avait été réparti entre les deux autres troops, la troop n° 5 et la n° 6. Moi, je suis passé à la troop n° 6 comme adjoint au chef de section, qui était toujours le lieutenant Amaury.

Entretien réalisé le 10 mai 2002.

Paul Briat
22 ans le 6 juin 1944

Paul Briat

(1922-2003)

Paul Briat est né à Dinan le 22 mai 1922. Après le collège, il entame une préparation pour l'École de la marine marchande et effectue son premier voyage à 17 ans, à destination de Madagascar, en 1939. Au moment de la déclaration de guerre, le 1er septembre 1939, il est élève officier à bord de la *Ville de Metz* à Madagascar. De retour à Bordeaux, il rembarque sur le *San Francisco* puis à bord de l'*Île-de-France*, au départ de Marseille et à destination de l'Indochine. Il se trouve à Singapour lorsqu'il apprend l'armistice en juin 1940.

Paul Briat décide, avec deux de ses amis, Chabot-Morisseau et Le Maire, de rejoindre coûte que coûte le général de Gaulle dont il a entendu parler au consulat de France à Singapour. Il signe son engagement provisoire dans la France libre en février 1941.

Après plusieurs semaines de voyage et plusieurs embarquements, il parvient à rejoindre la base FNFL de Greenock au printemps 1941. Interrogé dans les locaux de Patriotic School, le centre de tri des étrangers entrant sur le territoire britannique, il est acheminé vers Londres auprès des services de la France libre. Il embarque pendant six mois sur un chalutier armé, l'*Arras*, en tant que second élève aspirant, et effectue des convois entre la mer d'Irlande et Douvres. De retour à Portsmouth, il suit les cours de RDF. C'est au cours d'un passage à Portsmouth de Philippe Kieffer, alors à la recherche de volontaires pour la création d'une unité spéciale, qu'il se porte volontaire pour les commandos. Il s'engage en compagnie de Balloche et Moutaillier, et d'une vingtaine d'autres volontaires.

Son entraînement physique se déroule au camp de Camberley (dépôt de l'armée de terre des Français libres), puis en décembre 1941 chez les Royal Marines à Portsmouth. Enfin, ce sont les exercices au tir et l'arrivée au centre d'Achnacarry en Écosse. Breveté commando, il poursuit son apprentissage à Skegness, au nord de Londres, avec la marine britannique. Il est versé ensuite au Commando interallié n° 10, comme chef des radios, avant de descendre vers Eastbourne. Durant l'hiver 1943, il participe à un raid nocturne sur l'île de Sark, quelques semaines avant son acheminement sur le camp de Titchfield.

*

Paul Briat travaille à Londres à l'Amirauté britannique jusqu'à la fin de la guerre, avant de rentrer en France une fois démobilisé, en 1946.

Il est décédé le 27 juin 2003 à Saint-Brieuc. Il est inhumé au cimetière de Pléneuf-Val-André.

Pas d'émotion particulière pour moi...
il fallait y aller !

On a été consignés dans le camp n° 18 de Titchfield. On attendait. Et un jour, on est sortis pour faire une marche, avec l'interdiction de parler à qui que ce soit. Il y a eu une petite histoire assez amusante : un commando anglais qui était du coin s'est mis à discuter par-dessus les barbelés avec une personne... c'était sa femme. Eh bien, elle a été arrêtée et mise au secret. C'est pour vous dire ! On a donc attendu là. On avait perçu notre équipement, toutes nos rations, enfin, le peu qu'on nous avait distribué. Puis nous avons embarqué un jour, pas loin de Portsmouth, et nous sommes partis avec notre barcasse.

Pendant la traversée, certains gars ont été malades. On a eu un très mauvais temps, c'était de tout petits bateaux, les plus petites barges qui soient. À bord on dormait, on parlait. Pas d'émotion particulière pour moi... il fallait y aller !

Quand on a débarqué, j'étais avec Kieffer et son petit état-major – on était trois ou quatre, c'est tout. Nos deux passerelles ont été foutues en l'air par un tir de mortier. Des gars qui étaient dessus sont tombés à l'eau. Alors nous, on ne pouvait plus descendre. L'autre barge était déjà en train de repartir à vide. J'ai appelé son commandant pour qu'il vienne se mettre à couple. Et c'est ce qu'il a fait.

Sur la plage, les champs de mines n'avaient pas été neutralisés. Les tanks démineurs brûlaient. « *Verboten Minen* » était écrit sur des panneaux, en grosses lettres.

Alors Kieffer nous a dit : « Allez, on y va ! Regardez bien où je mets les pieds et tâchez de les placer au même endroit. » Et on a traversé. Pas une n'a sauté ! C'était des mines antitanks, pas des mines antipersonnel. On a eu une chance inouïe à ce moment-là.

Je commandais une section radio et mes hommes étaient répartis dans chaque section, j'étais en relation permanente avec eux. On a continué à progresser, et un ancien combattant de 14-18 qui œuvrait pour les Allemands s'est avancé vers nous, en bleu de chauffe. Il venait travailler, et nous, on venait de débarquer. Ce type nous a dit : « Je vais vous montrer ce qu'il y a devant. » À un carrefour, il nous a prévenus qu'il y avait un blockhaus. Il a pris la tête de la colonne et nous l'avons suivi, on a traversé le carrefour comme ça. Il a eu la croix de guerre à la fin du conflit, avec une citation à l'ordre du bataillon des commandos. C'était un habitant de Ouistreham, un brave gars.

En remontant, on a déposé nos sacs dans des villas qui étaient en construction et qui n'avait jamais été finies à cause de la situation. On a ensuite pris la direction de notre objectif avec Kieffer : le casino. C'est là que notre toubib a été descendu en essayant d'aller soigner un blessé. Et puis on a eu du bol : un tank est venu nous donner un coup de main pour tirer sur un blockhaus. Les cartes du secteur qu'on avait étaient très précises sur les défenses allemandes, on n'a pas été surpris. Avant nous, des gars comme nous, des commandos, avaient lancé des raids pour faire des relevés… On a donc pris le casino et on est revenus pour nos sacs. Le mien pesait 50 kilos quand même. On en a profité pour dresser un bilan des morts et des blessés. Kieffer était touché, le commandant du Commando n° 4, Robert Dawson, également.

Puis on s'est mis en marche vers Pegasus Bridge. On progressait par troops. Kieffer commandait la n° 1. On a traversé Saint-Aubin-d'Arquenay sans problème. Juste avant d'arriver à Bénouville, on a été obligés de tirer sur l'église car il y avait deux snipers allemands dans le clocher. C'est tout. On a alors traversé le pont, et c'est là qu'on a eu des blessés. Lord Lovat, le patron de la brigade de commandos, était déjà passé. Des tireurs d'élite allemands étaient camouflés. Et quand ça a été notre tour d'avancer, on a été obligés de mettre des fumigènes. Mais nous étions au milieu du pont quand un coup de vent a chassé toute la fumée. On a eu quatre blessés je crois…

De là, on a atteint Amfreville avec le Commando n° 4, et on devait tenir la localité avec la 6e division parachutiste arrivée avant nous. Nous étions chargés de la tête de pont et de faire des patrouilles. Pendant l'une d'elles, on a été attaqués par une troupe allemande constituée d'anciens prisonniers russes, encadrés par des officiers allemands.

Nous avons creusé nos trous et nos tranchées pour la nuit. J'étais à l'état-major avec l'abbé de Naurois, Kieffer et un radio. La nuit, un sniper allemand qui était dans le coin nous tirait dessus dès qu'on bougeait. Devant notre tranchée, il y avait un trou. Un jour, à bout, l'abbé de Naurois a décidé de s'en aller en disant : « Le bon Dieu fera ce qu'il veut de moi, mais je pars. » Il a sauté de la tranchée pour aller un plus loin, dans un autre trou. C'était un type incroyable. À partir du moment où le rabbin et le pasteur ont été tués par les Allemands, c'est lui qui a officié pour tout le monde.

J'ai été blessé à Amfreville le 16 juin, puis rapatrié en Angleterre par le même bateau que Lord Lovat. On m'a longtemps soigné à l'hôpital et, comme je parlais l'anglais couramment, on m'a mis à l'état-major de la marine pour faire le contrôle du prêt-bail location des arsenaux britanniques qui fournissaient les bâtiments français. Nous étions cinq personnes dans ce bureau. Comme je ne pouvais pas rejoindre les commandos, je suis resté là. Je n'ai plus eu de contact avec eux en Normandie.

Pendant mon passage aux commandos, vu son vieil âge et parce qu'il faisait tous les exercices avec nous, Kieffer m'a fortement marqué. J'ai regretté de ne pas avoir fait avec lui le reste de la campagne en Normandie, mais je ne serais peut-être pas là pour vous en parler. De Gaulle aussi m'a fait une grande impression lors du défilé à Londres, le 14 juillet 1942...

Entretien réalisé le 4 janvier 2002.

Joseph Hourçourigaray
23 ans le 6 juin 1944
© Mémorial de Caen.

Joseph Hourçourigaray
« Coucou », « Le Basque »

(1921-2008)

Joseph Hourçourigaray est né le 29 mars 1921 à Esquiule, dans les Pyrénées-Atlantiques. Après des études au lycée Saint-Cricq à Pau, et fortement marqué par un sentiment anti-allemand, il s'engage volontairement dans la marine pour la durée de la guerre. Après l'armistice, il est affecté sur le croiseur de la force X, le *Tourville*, qui patrouille en Méditerranée, au large de Malte, de Gibraltar et de l'Afrique du Nord.

Son navire étant désarmé par les Anglais en juillet 1940, il fait le choix, avec deux camarades, de s'évader à Alexandrie le 31 octobre 1940. Arrêté, emprisonné et interrogé pendant trois jours par les Anglais, il est finalement expédié en Angleterre. Il quitte l'Égypte par le canal de Suez et l'Afrique du Sud. Il débarque à Plymouth en novembre 1940 et s'engage dans les FNFL en janvier 1941. Il monte ensuite à bord de l'*Aconit* où il sera affecté pour des missions de convoi jusqu'en mars 1943. Au cours de l'année 1943, de passage par la caserne Bir-Hakeim, dépôt de la marine française libre, il fait la rencontre de Philippe Kieffer et de Francis Vourc'h alors à la recherche de volontaires.

C'est ainsi qu'il s'engage dans la troop n° 8 avant de partir pour l'entraînement en Écosse à Achnacarry. Breveté commando, il prend part au raid sur l'île de Jersey dans la nuit de Noël 1943, en compagnie des commandos Guilcher, Letang, Roux et Hulot.

*

Démobilisé en 1945, il rentre chez lui et retrouve sa famille. En 1946, il part en tant que civil en Algérie comme technicien de l'Office national des forêts, jusqu'à l'indépendance du pays en 1962. Il est décédé le 12 avril 2008 à Pau.

Tout se fait automatiquement,
on ne réfléchit pas...

Il faut se remettre dans la situation où nous sommes au printemps 1944. On commence à réaliser que ce n'est plus un *training* que nous ferons désormais, ni des simulacres d'attaques... ça ne ressemblera à rien de tel. Ce n'est plus pour rire, à tous points de vue. Nous sommes dans un autre état d'esprit.

Avant de débarquer en Normandie, on est dirigés vers un camp gardé, au sud de l'Angleterre, à Titchfield, près de Southampton. On va se préparer au Débarquement. On nous montre des photographies aériennes et des maquettes. Certains ont identifié les lieux, ils connaissent la côte, et particulièrement Ouistreham. Moi, Ouistreham Riva-Bella, ça ne me dit rien, je n'y suis jamais allé. On est tout à fait bien dans ce camp, avant d'embarquer. Sur la plage, on joue au football avec des boîtes de conserve, c'est pour vous dire ! Mais notre but, c'est de participer au Débarquement. Depuis le temps qu'on s'entraîne, c'est ça qui nous anime.

Chez nous, des gars ont été éliminés pendant le *training*. D'autres sont partis après. Et puis il y en a aussi qui n'ont pas fait le Débarquement du 6 juin, ils sont venus en renfort plus tard. Vis-à-vis des autorités, il faut quand même un nombre minimum d'hommes pour être reconnus en tant qu'unité. Alors des gars sont venus en renfort, ils ont fait la campagne de Hollande.

Avant de monter sur la barge, j'ai une certaine appréhension, je n'arrive pas à dormir. Nous sommes prêts à partir, prêts à foncer, on ne pense à rien, c'est ce que je peux en dire maintenant.

Après le départ du bateau, on entend l'hélice, le bouillonnement de l'eau sur la coque. Et plus tard, un mouvement ininterrompu d'avions. Et en s'approchant, on commence à percevoir des déflagrations, des bruits de moteurs de bateaux d'escorte qui traînent des ballons dirigeables. Puis on voit des fumigènes pour assombrir les lieux, et des réseaux de barbelés en arrivant sur le sable. Et ça tire de partout !

Je débarque, mais je ne me souviens même pas avoir été mouillé. On a l'ordre de traverser la plage en courant et de déposer nos sacs dans une colonie de vacances. On transporte 30 à 40 kilos de bagages. Après, on part vers nos objectifs.

La troop n° 1 se dirige sur le casino. Pour nous, à la n° 8, ce sont les petites fortifications sur le littoral, des petits postes qui nous tirent dessus. J'y vais avec Hulot, notre chef de section. Il faut seulement neutraliser les principaux. Les mortiers, eux, sont sur les hauteurs. Il y a des nids de mitrailleuses dans un carrefour par-ci, par-là. Nous passons d'un croisement à l'autre, avec pour but de soutenir la troop n° 1, en prise avec le casino transformé en blockhaus. C'est là que les Boches se rendent. Parce que Kieffer a eu son char.

C'est très dur. Pourtant, l'opération a été très bien préparée. Seulement, entre la théorie et la réalité, ce n'est pas la même chose. Vous vous trouvez devant un obstacle, il faut soit le détruire, soit le contourner. Mais avant que vous y parveniez, on vous tire dessus. Les Allemands ont un avantage sur nous. Ils sont sur les lieux depuis quelque temps, ils connaissent les cachettes, les points pour se camoufler, pour se défendre, les moindres pans de mur, même dans les maisons bombardées. Alors que nous, on arrive, et on ne sait pas trop comment s'y prendre. On suit les tirs pour se repérer et on essaie de neutraliser l'ennemi comme on peut. Tout se fait automatiquement, on ne réfléchit pas... Il vaut mieux ne pas réfléchir.

Après la prise du casino, on revient à la colonie de vacances, on reprend nos sacs. On a nos casse-croûte, des biscuits... et on repart vers Saint-Aubin-d'Arquenay pour aller à Bénouville. On avance dans les champs, on traverse une route, on s'engage dans un chemin qui longe le canal, sur la gauche. C'est là que je suis touché par un tir isolé, juste avant le pont de Bénouville. Des éclats d'obus dans le dos.

Alors on m'évacue vers l'Angleterre, sur une barge de débarquement qui ramène des blessés. Dans le bateau, on est nombreux, il y a des Allemands, des Anglais, c'est un ramassage collectif. Puis je suis hospitalisé, je ne sais même plus où, pendant trois semaines. Je reviens en Normandie le 17 août avec un grand pansement.

Pendant ce temps, les commandos français sont au bois de Bavent. Là-bas, il n'y a plus rien, les Allemands sont repartis. Ils nous ont bien bombardés. Ce dont il faut se méfier le plus, ce sont les *booby traps*, des dispositifs de piège, et puis les mines.

À partir de cette bataille, on fonctionne en patrouilles. Les directives viennent toujours du commandement britannique car nous sommes sous ses ordres, avec l'accord des Français. Lofi organise les rondes en fonction de ce qu'ont signalé les mouchards : tel point de résistance à tel endroit, etc. Nous exécutons, pas plus. On nous a dit que les chars allemands reviennent de Troarn vers Bavent.

On a fait des trous personnels, on y a passé la nuit, bouffés par les moustiques. Les Boches sont dans les fermes, le gros de l'armée a été évacué. Ils perdent du terrain et ils forment une ligne de défense. Ils laissent des snipers, on se méfie de tout. Dans les maisons, des fils électriques se baladent partout, ils peuvent très bien être reliés à une mine, à une grenade. Je ne me souviens plus si c'était à Bavent, mais des gars ont trouvé une grenade sous un cadavre allemand.

Pour ma part, je suis blessé une deuxième fois à la sortie de Bricqueville, après le bois de Bavent. Avec cette deuxième blessure, je suis encore évacué et je retourne en Angleterre. On me soigne bien à l'hôpital. Je m'y retrouve avec des Anglais et pas mal de Polonais. Je ne sais pas trop ce que font mes camarades pendant ce temps en Hollande. De l'hôpital, on entend passer les avions allemands. Je sais que les populations vont dans les abris, mais je n'ai pas beaucoup de nouvelles du front, si ce n'est par les journaux qui ne donnent que les grands mouvements des armées.

Ensuite, je réintègre les commandos en Allemagne, sur le lac de Constance... Mais la guerre est déjà finie.

Entretien réalisé le 4 août 2004.

Marcel Riveau
24 ans le 6 juin 1944

Marcel Riveau

(1920-2013)

Marcel Riveau est né le 23 février 1920 à La Membrolle-sur-Longuenée dans le Maine-et-Loire. Issu d'une famille modeste, fils d'un père charron ayant fait la Première Guerre mondiale et qui disparaît en 1930, il suit une scolarité dans son village puis arrive avec sa mère et ses frères et sœurs à Angers où il reste jusqu'au certificat d'études. Devenu apprenti, il s'engage le 15 décembre 1939 dans la marine pour trois ans. À Lorient, il embarque sur le croiseur *Duguay-Trouin* en partance pour Alexandrie, dans la force X, comme matelot. Marcel Riveau profite d'une permission à terre pour s'évader et rallier le général de Gaulle avec deux autres camarades en janvier 1942. C'est donc à Alexandrie qu'il rejoint le 2e BFM qui s'achemine vers le Liban et la Syrie.

Après la dissolution de la section, il revient en Angleterre comme fusilier marin et s'engage dans les commandos pour suivre ses amis.

Breveté commando après le stage d'Achnacarry, en Écosse, il rejoint le Commando interallié n° 10.

*

Démobilisé en France en 1945, Marcel Riveau reste longtemps en Angleterre avec sa jeune épouse avant de regagner la France et Angers, où il retrouve sa mère, cinq ans après son départ. Il crée une usine familiale d'une centaine de personnes spécialisée dans la confection pour dames, qu'il dirige durant presque trente ans. Plus tard, amoureux de la mer, il traverse quatre fois l'Atlantique en solitaire avec son voilier de 13 mètres pour passer l'hiver à Sainte-Lucie. Il entreprend son dernier périple à l'âge de 76 ans.

Marcel Riveau est décédé le 19 décembre 2013 à Saint-Philibert.

On n'avait pas peur, on ne se rendait pas compte

On a été bien accueillis par les Anglais, on vivait chez l'habitant. Comme on avait un peu de temps libre le soir, on se querellait dans les petits bars. On se battait souvent contre les Anglais pour des histoires de filles, mais en réalité, c'était un prétexte pour s'amuser. On était tous un peu bagarreurs quand même. Dans ces moments-là, on ne voyait pas beaucoup Kieffer ; Lofi, un peu plus. Il avait fait la traversée avec nous depuis le Liban, accompagné de sa femme et de son fils. Il nous ressemblait, Lofi. Il y avait Lanternier aussi, il était instructeur pour les commandos, comme Saerens. On n'habitait pas dans le même village que la troop n° 1. Eux vivaient à Eastbourne, nous pas loin, à Peacehaven. On était souvent libres après les cours et les rassemblements, il fallait qu'on s'occupe, ce n'était pas comme dans une caserne. Souvent, j'allais dans un club jouer aux fléchettes avec Montéan, et au bal aussi.

Quant à Hulot, mon chef de section, on a fait des débarquements à terre à Plymouth avec lui. C'était un type formidable, le meilleur commando qui puisse exister, vraiment… Il avait un sens poussé du patriotisme. Il est enterré pas loin d'ici, à Sainte-Anne-d'Auray, il a été tué en Indochine…

À partir du printemps 1944, on a intégré le Commando n° 4. On était gardés dans un camp secret près de la rivière Hamble. On n'avait pas le droit de sortir. On faisait des marches surveillées à l'extérieur, de 7 ou 14 miles, mais il nous était interdit de contacter des civils. J'arrivais facilement en retard aux exercices, c'est pourquoi je ne suis jamais monté en grade. Sur les maquettes qu'on nous a montrées là-bas, je n'ai pas reconnu Ouistreham, rien du tout. Il paraît que certains avaient identifié les lieux, comme Bagot qui était officier. En fait, ça ne m'intéressait pas tout. On savait où on allait débarquer, c'était en France, ça me suffisait. On était contents.

Hourçourigaray était dans ma section, on l'appelait Coucou… J'étais aussi avec Létang qui a été plus tard grièvement blessé et qui est mort en Normandie. Il a eu le bras complètement arraché, il est tombé sur la plage. Je l'ai ramené sur une civière avec Jean Montéan, qui se fera tuer plus tard en Hollande.

Pendant la traversée, il faisait très mauvais, mais je n'ai pas été malade. On n'avait pas peur, on ne se rendait pas compte. Quand on a mis pied à terre, ce n'était pas pareil. J'étais toujours avec Hulot. On devait prendre les blockhaus sur la plage. Je suivais le mouvement car je n'étais pas gradé, je n'avais pas de responsabilités particulières.

À Bénouville, en franchissant le pont, j'ai perdu le chargeur de ma mitrailleuse Bren, celle que j'avais prise à Létang. Alors je suis retourné le chercher, sinon je n'aurais plus rien eu. J'ai traversé sans trop d'encombre, en courant. Il y avait encore des snipers partout. Arrivés à Amfreville, on a vu quelques civils, pas très nombreux. On s'est mis à faire des patrouilles. Au cours de l'une d'elles, Guy Laot, qui était chargé de la jonction entre les deux sections, a été malencontreusement tué. Un gars, je ne sais plus qui, a pris peur et l'a abattu alors qu'il nous rattrapait. Moi, je suis passé dans le fossé où il était couché, j'ai marché sur sa jambe, mais je ne savais pas que c'était lui. J'ai senti quelque chose, il était là, dans le creux. On est revenus le rechercher dans la soirée, mais il était mort... C'est malheureux, cette histoire ! Laot, c'était vraiment un dur, un pur ! Il faisait au moins 1,90 mètre ! Il était jeune, il était formidable. Comme Biscuit, j'étais très ami avec lui[1]...

C'est aussi à Amfreville qu'on a construit des tranchées. On était quatre ou cinq dedans. On était tellement fatigués le 6 au soir que la nôtre n'était pas très profonde, 50 centimètres tout au plus. On est restés accroupis dedans pendant quatre jours, jusqu'au 10 juin, sous les tirs de mortier, ce n'était pas rigolo. On n'avançait pas. Et le 10 juin, les Allemands se

1. Biscuit est le surnom de Georges Messanot, second maître à la troop n° 8.

sont approchés. C'est là que j'ai trouvé un revolver sur le cadavre d'un officier.

J'ai été blessé au cours d'une patrouille le 24 juillet à Bréville. On était partis en reconnaissance en plein jour pour savoir où était l'ennemi. Avec Maler, Barbe et Gicquel, on est arrivés presque nez à nez avec les Allemands qui nous ont tiré dessus avant qu'on ait eu le temps de réaliser. Ils étaient bien cachés. J'ai reçu des éclats dans la tête et une balle dans le bras. Barbe a sorti son revolver et il a été touché au poignet, Maler, à la cuisse. On s'est dissimulés le mieux qu'on pouvait pour pouvoir se replier dans le camp français. Gicquel, lui, est parti dans l'autre sens, en direction des Allemands, il est resté derrière nous. C'est comme ça qu'on l'a perdu. Il a été attrapé. Ils l'ont pendu par les pieds et transpercé de coups de baïonnette, c'était à la ferme Brûlé.

J'ai été évacué par bateau en Écosse, dans un château, avec Barbe, un camarade. J'allais dans des maisons de convalescence, et toutes les deux semaines, je revenais pour des soins à l'hôpital. Ça a duré six mois. Au cours de cette période, j'ai fait une fugue. J'ai traversé tout le pays en train, sans billet, avec mon bras dans le plâtre, pour retrouver ma fiancée anglaise. Je suis allé comme ça jusqu'à Brighton ! Comme mon bras commençait à sentir mauvais, j'ai dû me rendre à l'hôpital. Les Anglais sont venus me récupérer et m'ont ramené à Londres. De là, on m'a renvoyé en Écosse. Ensuite, je me suis reposé à la maison de convalescence de Beaconsfield. On était en décembre 1944, et je me suis marié avec ma fiancée.

Ensuite, je n'ai pas rejoint la Hollande comme les copains. Je me souviens avoir vu Jean Montéan quatre jours avant son départ. Il ne voulait pas y aller, il avait un mauvais pressentiment. Il désirait quitter les commandos, mais il ne le pouvait pas, ça aurait causé des problèmes. Et puis il a été tué là-bas...

Entretien réalisé le 23 juillet 2004.

Yves Meudal (au premier plan)
21 ans le 6 juin 1944
© Mémorial de Caen.

Yves Meudal

(1923-2016)

Yves Meudal est né le 26 février 1923 à Pleubian. Orphelin depuis l'âge de 11 ans, quatrième d'une fratrie de huit enfants, Yves Meudal part sans but précis en 1939 sur un bateau de commerce. À 16 ans en 1939, il rejoint Perros-Guirec pour y apprendre le métier de boulanger-pâtissier. Après avoir servi sur le *Fort-Archambault*, il est affecté comme boulanger sur un navire dérouté vers le Congo belge. Le commandant du bateau étant du côté de Vichy, Yves Meudal décide de s'évader. Profitant d'une escale à Dakar en 1942, il parvient à quitter le navire en pleine nuit pour rejoindre un bâtiment de la France libre faisant route vers l'Angleterre.

Débarqué en Écosse, il se rend à Londres et choisit de rallier les forces de la France libre et les commandos. Il signe son acte d'engagement le 5 mars 1943 et rejoint les rangs du Commando Kieffer un mois plus tard. Après le stage d'Achnacarry en Écosse, il intègre la troop n° 8 d'Alexandre Lofi en juin.

*

Après la guerre, Yves Meudal ne part pas en Indochine. Une fois démobilisé, il reprend sa place dans la marine marchande où il effectue toute sa carrière comme boulanger cambusier avant de prendre sa retraite en 1978.

Il est décédé le 9 septembre 2016 à Pleubian.

Le plan qu'on nous avait donné,
on l'avait oublié

On allait descendre vers le sud de l'Angleterre, à Bexhill puis à Eastbourne, pour se préparer au Débarquement. Mais entre-temps, on s'exerçait quand même, il fallait rester en forme. On s'entraînait sur des barges, à Newhaven. On savait comment faire, même si tout le monde n'était pas marin : on devait savoir comment manœuvrer. On tirait aussi à balles réelles. On nous mettait en situation pour savoir si on osait avancer ou reculer. À certains moments, on a eu peur. On était des hommes, mais quand même ! En Écosse, à l'entrée du camp d'Achnacarry, il y avait des tombes le long de l'allée. Mais on savait qu'elles étaient vides. C'était pour nous motiver un peu. Sur chaque croix était inscrite la faute que le gars avait commise et la manière dont il était mort.

Peu avant le Débarquement, ma section a été répartie en deux. Une quinzaine par sous-section. Mais la troop n° 8 était à part, sous le commandement d'Alexandre Lofi. Il venait du 2ᵉ BFM, il avait formé ses hommes en arrivant. Mais nous, en dehors d'Achnacarry, on s'était plus entraînés qu'eux. À la troop n° 1, on était déjà bien forgés !

Pour le Débarquement, notre objectif était le casino de Ouistreham. On avait un plan d'attaque. Il fallait quand même parcourir bien des kilomètres pour déposer les troupes. C'était notre but. Il fallait y aller. Quand on s'est retrouvés en mer, on s'est enfin rendu compte. C'était plein de barges. On voyait les autres tout autour. On était partis en même temps. Face à cette armada, on s'est dit : « On y est là ! » Et le ciel était couvert d'avions.

Je ne me rappelle pas avoir dormi pendant la traversée. On rigolait plutôt entre nous. On avait aussi un peu à boire. Le temps passait ainsi. On restait attentifs, car on savait qu'ils nous attendaient, là-bas. À un moment, notre bateau a heurté les pieux, et à partir de là, il n'avançait plus. On a été obligés de sauter à l'eau. On avait pied, mais il ne fallait pas laisser son arme à la mer. On avait 45 kilos sur le dos, le sac, la pelle, la pioche, des rations, de quoi tenir vingt-quatre ou quarante-huit heures. Et puis tout l'armement : j'avais sur moi un colt, des poudrières, des grenades, des chargeurs (camemberts, demi-lune, etc.), j'étais écrasé comme un mulet.

Les premiers, pieds à terre, c'était nous, les Français ! Normal… on était contents. On débarque donc à Colleville avant d'aller à Amfreville. Mais la première chose que l'on devait prendre, c'était Pegasus Bridge. Il s'agissait de faire la jonction avec les troupes aéroportées britanniques. Auparavant, il allait falloir mener des combats de rue dans Ouistreham. Il y a eu de la résistance au niveau du casino.

Sur la plage, on a fait face à un feu nourri. On nous avait donné des roquettes je crois, et de quoi éviter les champs de mines. Mais on n'avait pas eu le temps de les prendre, on ne s'en est pas servis, on s'est engagés là-dedans comme s'il n'y avait rien. On devait nettoyer le secteur. Il me semble qu'il comptait quatre blockhaus. On ne pouvait pas trop approcher, il fallait trouver un char quelque part. On n'a jamais su où Kieffer avait déniché le sien. Il n'était pas bien gros, ce n'était pas un colosse, mais ça nous a bien rendu service. Sans ça, on n'aurait pas pu approcher le blockhaus.

Dans les rues de Ouistreham, on s'est regroupés un peu en pagaille. On était six au lieu de douze, mais on attaquait quand même. Le plan qu'on nous avait donné, on l'avait oublié, on n'y a jamais pensé. Chacun se démerdait, sinon ça aurait été un désastre. On a mis quarante minutes, depuis l'endroit où on avait débarqué, à arriver devant le casino. Après, on n'a plus été débordés, ça allait mieux. Quand les Allemands ont vu la tournure qu'a prise le Débarquement, ils ont su que c'était foutu, alors que quand on était partis d'Angleterre, ils nous donnaient quarante-huit heures, pas plus. Mais ils ne savaient pas où on allait atterrir, il y a eu des diversions. Ils ont été pris de court. Même s'ils avaient fait sauter toutes les écluses, les marécages nous ont un peu sauvés. On entendait les chars ronfler, ils s'enfonçaient, puis c'était terminé. Sans ça, on était faits. Parce que l'infanterie, face à de tels monuments, ce n'est pas grand-chose.

Après, il a fallu aller en direction du pont de Bénouville. Quand on a voulu le traverser, il y a eu de la résistance. Les Allemands étaient encore là, bien postés, mais ils étaient coincés. Ils se sont dit : « Ça y est ! On est faits ! » Mais on devait le garder, cet édifice, c'était l'unique passage sur l'Orne.

Le soir du 6 juin, on a atteint Amfreville. On était dans une ferme, chez Bernard Saulnier. Je m'occupais de la cuisine, car j'étais boulanger-pâtissier avant la guerre. On a fabriqué un four avec des briques et de l'essence. Parfois, on trouvait des bêtes, des poulets, des lapins... On en avait plein l'estomac avec ça, contrairement aux rations. On a été bien accueillis dans ce village, on était vraiment chez nous. Nos blessés de la journée ont été pris en charge par des infirmiers ou des médecins, parce qu'on avait perdu notre docteur en arrivant. C'était un charmant garçon. Plus tard, il a été remplacé par un gars qui n'avait pas tous les diplômes, mais qui avait quand même des connaissances. On ne pouvait pas trouver de médecin comme ça, tout de suite ! Donc il a fallu faire le nécessaire pour ceux qui étaient assez gravement blessés.

Après le 6 juin, on a continué le combat, notamment à l'Épine... C'était assez difficile, car les Allemands s'étaient regroupés sur le parcours. Je n'ai jamais été blessé. Durant la campagne de Normandie, on n'a pas eu de permission, on n'avait pas le temps. On n'était pas très nombreux non plus, 177 personnes, ce n'était pas lourd ! Pourtant, il y avait du monde dans la France libre !

Après nous, Leclerc a débarqué avec toute son armada. J'entends encore les copains qui me disent :

« Leclerc aussi a débarqué en Normandie ! » Mais je trouve quand même qu'il y a une différence entre arriver avec 45 kilos sur le dos et débarquer après la bataille, dans la casba, par-derrière. Les gens ne font pas la différence entre une tête de pont et la progression.

Après la Normandie, personne n'a eu envie de quitter le Commando et on a continué le combat jusqu'en Hollande. Mais moi, j'ai dû renoncer au Commando juste avant de débarquer à Flessingue, parce que j'ai eu une histoire avec Guy Vourc'h à l'Épine... Là-bas, alors que les Allemands progressaient, j'étais en passe de feu pour balayer un peu, comme ils le faisaient. Mais quand j'ai vu un copain tomber, je suis allé vers lui pour le ramener. Le bonhomme faisait deux fois ma taille, alors je me suis dit que ce n'était pas la peine que je prenne mon arme : je ne pourrais pas le traîner. Je l'ai donc laissée sur une espèce de tonneau et j'y suis allé. Quand je suis revenu avec mon camarade, Vourc'h m'a reproché d'avoir abandonné mon arme. Il m'a dit que c'était passible du conseil de guerre. Du coup, je la lui ai jetée à la figure. Ça arrive ! Le gars blessé était paralysé, il ne pouvait pas bouger ! Et il aurait fallu que je reste en arrière au lieu d'aller sauver mon copain...

Quand il a fallu regrouper tout le monde pour partir, Vourc'h a fait un rapport contre moi, disant que j'avais été un peu brutal. N'importe qui d'autre, à ma place, aurait fait la même chose !

Je suis retourné dans un camp en Angleterre, je suis redevenu matelot de 1re classe et j'ai été affecté pour faire de la surveillance, puis chargé de former les aspirants dans le pays... C'était très dur. J'étais conscient que j'avais fait une gaffe. Pour moi, c'était fini...

Entretien réalisé le 29 octobre 2001.

Michel Vincent (au premier plan)
20 ans le 6 juin 1944

Michel Vincent

(1923-2003)

Michel Vincent est né à Houquetot, en Seine-Maritime, le 5 octobre 1923. Après l'obtention de son certificat d'études en 1935, il devient ouvrier agricole, tout en continuant ses études en cours du soir jusqu'en 1938. Il décide de s'engager comme marin au long cours dans la marine marchande. C'est en tant que mousse qu'il monte à bord du cargo *Dupleix* le 13 juillet 1938, puis sur le *Lipari* le 4 septembre 1939, comme volontaire malgré la déclaration de guerre. Il est débarqué en juillet 1940 à Casablanca pour raison médicale. Après sa guérison, il rejoint en septembre 1940, au Maroc, le *Cantal* qui fait route vers les Antilles.

Arraisonné par un destroyer anglais en juillet 1940, le navire est escorté jusqu'à Gibraltar. Michel Vincent parvient alors à embarquer vers Marseille en janvier 1941. Il profite de son séjour en France occupée pour voir sa famille. Il poursuit ensuite sur différents bâtiments sa carrière de matelot dans la marine marchande. Son affectation à Casablanca sur le *De-La-Salle*, navire de la Compagnie générale transatlantique, en tant que matelot léger en juillet 1942, constitue son dernier embarquement.

Sous commandement américain depuis le débarquement des Alliés de novembre 1942 en Afrique du Nord, le *De-La-Salle* conduit Michel Vincent à Liverpool au printemps 1943. C'est lors de son arrivée en Grande-Bretagne, en mars 1943, qu'il déserte et demande à rejoindre les rangs des FNFL, et plus particulièrement ceux des commandos. Il signe son acte d'engagement le 6 avril 1943.

Il s'engage dans la France libre à la caserne de Clapham Common, après la venue de Kieffer. L'entraînement avec la troop n° 1 le conduit au pays de Galles, à Criccieth, puis, quelques semaines plus tard, en Écosse, à Achnacarry, sous la conduite de Kieffer, Vourc'h et Pinelli. Il y noue ses premières amitiés avec Neven, Navrault, Meudal et Quentric. À l'issue du stage commando, il est affecté au Commando n° 10 à Eastbourne. Il est choisi en décembre 1943 pour participer à un raid sur les côtes françaises, finalement annulé avant même que les hommes aient atteint la côte.

*

Michel Vincent est démobilisé en décembre 1945 avant un retour difficile à la vie civile. Il poursuit sa carrière dans la marine marchande, aux messageries maritimes, puis entre à la Compagnie générale transatlantique. En 1951, il occupe le poste de chef de la manutention à Pointe-à-Pitre, où il y reste quinze ans. Il revient au Havre en 1966 comme chef de la manutention portuaire. Il devient enfin le PDG de la GMP, Générale manutention portuaire, jusqu'en 1983, année de son départ à la retraite.

Michel Vincent est décédé le 27 septembre 2003 au Havre. Inhumé dans un premier temps au cimetière de Ouistreham, il repose aujourd'hui au cimetière de Manneville-la-Goupil.

Si vous réfléchissez trop, vous êtes anéanti

Le printemps 1944 a été la période des derniers raids avec la disparition de Charles Trépel et de son équipe à Scheveningen. C'est le moment où le bataillon s'est réuni avec la section K Gun et les deux troops. Ces dernières ont toujours été ensemble. Quand on est passés du Commando interallié n° 10 au Commando n° 4, l'entraînement s'est poursuivi, d'une façon plus dure qu'auparavant. On sentait qu'un débarquement approchait, il fallait être prêt. Du coup, il n'y avait aucune relâche dans les exercices. On était impatients d'aller au combat ! Quand je suis arrivé à Criccieth, au pays de Galles, plusieurs gars de chez nous sont partis. Certains dans les parachutistes, dans le Special Air Service, d'autres dans le renseignement. Mais aucun ne s'en est allé en disant : « On attend trop longtemps, on va voir ailleurs. » Parce qu'on savait que dans une unité comme la nôtre, on serait les premiers, on constituerait l'avant-garde.

Avant le Débarquement, Kieffer nous a réunis et nous a annoncé : « Il n'y aura pas 70 % de tués, mais les premiers jours, 70 % ne reviendront pas. Si quelqu'un veut sortir des rangs pour rejoindre son ancien corps, il peut sortir… » Quand on s'engage quelque part, il faut assumer les risques, et je l'ai toujours accepté… Puis on a reçu l'appui d'éléments de la section de mitrailleuses

K Gun qui était un peu à part. Elle ne nous serait pas très utile le jour J. C'est après, en ligne, que ces armes-là, plus lourdes, nous serviraient, quand il n'y aurait pas moyen de faire autrement. Nous avions des mitraillettes, des Tommy Gun, des fusils, des grenades, à discrétion… Tout ça, c'était pour le combat rapproché, pour tuer, passer et ficher le camp, comme au moment du débarquement. On n'était pas là pour nettoyer derrière nous mais pour entrer à l'intérieur après avoir fait le coup de force sur le casino.

Juste avant de partir, on a su que ce serait en France. Une rumeur courait au camp secret de Titchfield. Je me rappelle, quand ils m'ont montré une première maquette, avoir tout de suite reconnu l'embouchure de la Seine, parce que j'étais du coin. Mais je n'ai rien dit. Tous les commandos ont vu les maquettes avant d'embarquer. Dans ce camp secret, on n'avait le droit de parler à personne. Il était gardé à distance, grillagé, pas moyen d'en sortir. Nul n'a osé quitter ce camp, d'ailleurs… On y a surtout découvert le sud de l'Angleterre avec toute la logistique des Alliés. On s'y accoutumait, il arrivait tout le temps des troupes, du matériel. Bien sûr, on se disait que c'était pour le Débarquement, on en discutait un peu entre nous, mais on verrait bien au moment opportun, quand on partirait. On avait presque tous pensé qu'on arriverait en France, enfin, intérieurement.

L'embarquement dans les barges s'est très bien passé, en file indienne, par les petites passerelles. On montait à bord, la moitié d'un côté, la moitié de l'autre. En mer, il a fait mauvais. Beaucoup n'étaient pas marins, ils étaient malades. Moi, je l'étais et je n'ai pas eu le mal de mer. Puis on a attendu. Au petit matin, au large, on regardait les avions passer, envoyer des fumigènes pour faire en sorte que les Allemands ne nous voient pas trop tirer. Mais le vent soufflait tout. Ce qui m'a le plus choqué, c'est, sur notre gauche, en direction du Havre, un bateau de guerre qui a sauté sur une mine. Il était en train de couler, il avait l'étrave complètement sortie… Là, je me suis dit que c'était vraiment la guerre, la vraie guerre !

J'avais dormi un peu pendant la traversée. Je n'avais pensé à rien. J'étais très jeune, je me disais que je verrais bien ce qui se passerait le lendemain. À bord, on nous a servi du thé et du café, alors qu'on nous avait dit qu'on aurait du rhum. Mais ce n'était pas vrai, on ne nous a pas donné d'alcool. Pour ma part, je n'en ai jamais eu et je n'en ai pas vu autour de moi. Avec les Anglais, on avait l'habitude du thé, alors j'en ai pris. On attendait qu'on nous dirige vers le lieu de débarquement. On n'avait pas le temps de réfléchir. Si vous réfléchissez trop, vous êtes anéanti. Faut pas penser. Puis on m'a annoncé : « Il faut débarquer. Allez, on y va. »

On est arrivés juste en face d'un blockhaus. Laurent Casalonga est tombé à côté de moi. Les autres lui disaient : « On va te donner la main », et lui répondait : « Non, non, allez-y… » Il était grièvement blessé. Masson, un camarade, s'est effondré lui aussi. Il avait la jambe éclatée, il souffrait. Je la lui ai tournée et il n'a plus souffert… Et puis j'ai avancé. Mais c'est là que j'ai décroché. C'étaient des gros obus sûrement, j'ai été projeté à une vingtaine de mètres peut-être… ma première blessure, là, en haut de la plage, juste avant de passer les barbelés.

Enfin, je suis reparti, je ne me suis pas arrêté. Dans un premier temps, j'avais ressenti quelque chose mais je ne savais pas ce que j'avais. Quand j'ai défait mon havresac, tout était écrasé dedans, les gamelles, avec plein d'éclats à l'intérieur. Moi, je n'en avais reçu que quelques-uns. J'en ai retiré une dizaine de ma jambe. Malgré les dommages, je suis allé prendre le casino après avoir posé mes affaires dans une ancienne colonie de vacances. On ne peut pas dire qu'on a traîné. On a progressé rapidement de chaque côté de la route avant de tourner pour se positionner juste en face du blockhaus. J'ai été soigné plus tard par le docteur Lion. Je commençais à souffrir, alors Lion m'a fichu des pansements. Ensuite, il est parti pour aller voir Renault, et c'est là qu'il a été tué… cinq minutes après s'être occupé de moi.

Il y avait une maison au coin, dans laquelle on m'a dit de monter pour voir d'où les autres pouvaient bien tirer. J'ai grimpé sur le toit, j'ai levé une tuile pour regarder. Une rafale est partie aussitôt. Je commençais à descendre l'escalier pendant que Boccadoro, croyant que j'étais un Allemand, le montait. Je criais en descendant pour pas me faire tirer dessus. Il a bien failli m'envoyer un coup de mitraillette.

Mais on n'arrivait pas à approcher le casino, il était bien retranché. La troop n° 8 avait progressé le long de la plage pour prendre les blockhaus reliés entre eux, les uns après les autres, tandis que nous, la troop n° 1, on était face au gros morceau, le casino. Juste devant, il y avait une tranchée, un fossé antichar, un mur en chicane. Un homme a voulu passer une jambe par-dessus le mur : il a reçu une balle dans la jambe. Il n'est pas mort, celui-là. On aurait certainement réussi à prendre le bâtiment à la longue, en tirant, progressivement… Mais on aurait perdu la moitié des gars de chez nous. Le char nous a vraiment été très utile, il a évité des morts. Ce char, c'était une initiative de Kieffer lui-même. Il a été le premier à aller le chercher. Et il ne lui a pas fallu longtemps à partir du moment où il l'eut décidé. Dix minutes plus tard, il montait dessus pour diriger le tir. Cet homme n'avait pas peur !

Une fois que le casino a été pris, on est revenus à la colonie de vacances. Je me rappelle avoir mangé un peu. On voyait qu'untel ou untel n'était pas là, mais on ne cherchait pas à savoir qui était mort ou blessé. Je me souviens aussi avoir vu des civils le long de la route. Il y avait une espèce de petit abri, avec deux gars dedans. J'ai demandé à l'un d'eux où étaient les Allemands. Le type a répondu qu'il ne savait pas. Il s'était mis un brassard. Je n'ai jamais pu le faire sortir de son trou. Je le tirais par les pieds, les autres aussi. J'étais prêt à jeter une grenade dedans quand j'ai entendu un gosse pleurer. À ce moment-là, j'ai pensé : « Ils ont des brassards et ils ne sont pas capables de nous renseigner ! » Enfin, ce n'est pas qu'ils n'en étaient pas capables, mais ils ne voulaient pas sortir pour nous donner le moindre renseignement. Ils ont quand même fini par nous dire :

– Mais vous êtes français !

– Oui, on a dit, on est des Français. Et on ne repart pas ! On est arrivés, c'est pas pour repartir !

Et on a continué. Voilà comment s'est passée cette traversée sur la route. On est allés rejoindre les autres qui étaient à Pegasus Bridge. On devait leur prêter main-forte. J'ai été blessé à nouveau sur le trajet, à Saint-Aubin-d'Arquenay, par le tir d'un sniper. Je crois que Amaury aussi. Je ne pouvais plus avancer, je devais être évacué. Les gars de chez nous ont poursuivi. Ce n'était pas parce qu'un type du groupe était tombé qu'il fallait s'arrêter. Ils avaient ordre d'avancer. Alors je me suis traîné pour regagner la plage, ça n'a pas été facile, mais il n'y avait rien d'autre à faire. Je me suis retrouvé tout seul, sans service médical. Tant bien que mal, j'ai réussi à atteindre la grève. C'est alors que j'ai vu arriver Mazéas avec une plaie, et quelle plaie ! Un éclat au bras… Il attendait d'être évacué par les Anglais.

On était en fait revenus au fameux blockhaus face auquel on avait débarqué. Les Anglais y avaient mis un poste de secours. Les Allemands qui avaient été tués étaient restés par terre. Ce bâtiment avait été pris par les Anglais dans les minutes qui avaient suivi notre débarquement. Nous, on avait tiré dedans, sans se poser de questions. En face, deux Allemands nous lançaient des grenades. À ce moment-là, j'étais avec Masson… et je lui ai peut-être sauvé la vie. Une grenade était tombée, je l'ai attrapée par la manche et je me suis couché par terre. Je n'ai jamais su si elle avait explosé, je ne suis pas resté là. Mais quand on est repassés, les Allemands morts y étaient encore.

Quand j'ai été évacué, je n'ai pas retrouvé Masson. Il avait pourtant été blessé sur la plage. Je ne sais pas ce qu'il est devenu. En revanche, je suis tombé sur celui qu'on appelait le fusilier marin, il était aussi plongeur scaphandrier. Pépé Dumenoir. Blessé à mort.

Je n'ai été évacué que la nuit suivante, ça tirait de partout, ça ferraillait des deux bords. On est rentrés par la Tamise. Puis le bateau est remonté vers le nord. C'était à peu près la même barge que celle avec laquelle j'avais débarqué, un peu plus grande, escortée et armée. Je me suis retrouvé à l'hôpital, j'avais très mal à la jambe, j'avais été sérieusement touché. J'y suis resté un bon mois avant ma rééducation. Je ne pouvais pas marcher. Les Anglais ne voulaient pas que je reparte tout de suite. Parce que je l'avais demandé. J'ai même fait une tentative pour me sauver et rejoindre les autres. Je savais à peu près où me diriger pour repartir vers un port, vers un bateau en partance pour la France. Ça aurait été facile pour moi en tant que commando. J'aurais pu y arriver, mais les Anglais m'ont rattrapé un kilomètre plus loin...

Deux autres gars ont été soignés en même temps que moi, mais je ne les ai jamais revus. Ils ne sont pas revenus dans les commandos. Pour ma part, je les ai rejoints quand les Anglais m'en ont donné l'autorisation. Ils m'ont mis sur un destroyer pour m'envoyer en Belgique, puis me rendre en Hollande. Sur les trois bateaux qui faisaient route, il y avait deux bâtiments de guerre. Le nôtre a été torpillé, un autre coulé. J'ai donc dû changer de navire et on est repartis pendant la nuit. On est rentrés au port au petit matin avec la marée. En Belgique, j'ai rejoint les commandos, et je suis resté jusqu'au dernier jour, celui où la section a été dissoute.

Entretien réalisé le 18 juin 2002.

Francis Guezennec (à droite)
19 ans le 6 juin 1944

Francis Guezennec

(1924-2006)

Francis Guezennec est né le 1er novembre 1924 à Saint-Malo. Après plusieurs déménagements successifs, sa famille s'installe à Douarnenez après avoir quitté la ville natale du jeune Francis, où il fréquente l'école primaire.

Devant l'invasion allemande, il tente de rejoindre l'Angleterre en 1942, mais est arrêté par la police française à la frontière espagnole. Après s'être évadé de prison, il revient à Douarnenez, recueilli par son oncle. Il entre alors dans la Résistance, fréquente les réseaux organisés autour de l'abbé Cariou, et participe notamment à l'évacuation de pilotes et de mécaniciens anglais vers leur pays.

Souhaitant rejoindre l'Angleterre, il monte le 6 avril 1943 avec un groupe de dix-huit personnes à bord d'une pinasse, le *Dalc'h Mad*, au départ de Tréboul, près de Douarnenez. Au terme de trois jours de traversée rendue difficile à cause d'une panne de moteur et d'une mer agitée, il débarque le 9 avril à Penzance (Cornouailles). Il est pris en charge par l'Intelligence Service britannique et les services du YMCA avant d'être dirigé vers Londres dans la soirée.

Après deux semaines d'internement et un passage dans les locaux du centre de tri de Patriotic School, Francis Guezennec est acheminé vers le camp de l'armée de terre de Camberley où il signe son acte d'engagement dans la France libre le 7 mai 1943. Il est affecté au Peloton motorisé en compagnie du lieutenant Amaury. Souhaitant être employé dans le combat plutôt que dans des missions d'escorte et de convoi, il rejoint les rangs des commandos. Après l'entraînement effectué au pays de Galles, à Wrexham, il rejoint avec la Compagnie Amaury les autres commandos français pour être intégré au Commando interallié n° 10. Il se retrouve dans la section K Gun en janvier 1944, aux côtés du lieutenant Amaury.

*

Francis Guezennec participe à la campagne de Hollande jusqu'à la fin de la guerre. Une fois démobilisé, il entame une carrière au sein de l'entreprise EDF jusqu'à son départ à la retraite. Il a été fait chevalier de la Légion d'honneur en 2004 par le président de la République Jacques Chirac en présence de la reine du Royaume-Uni, du président américain George W. Bush et de plusieurs autres chefs d'État lors du 60e anniversaire du Débarquement en Normandie.

Francis Guezennec est décédé le 18 mars 2006 à Lesneven.

On a tiré au sort pour savoir qui enterrerait Gestel

Je suis resté à la section de mitrailleuses K Gun jusqu'en juin 1944. On est descendus dans le sud de l'Angleterre, à Bexhill-on-Sea. Mais avant cela, on avait participé à des grandes manœuvres en Écosse, des exercices d'embarquement, de débarquement. On avait aussi fait un peu de marche : 10, 20 ou 30 kilomètres, le matin, le soir… Toujours avec la même tenue, c'était comme ça. On a ensuite été consignés dans un camp au sud de l'Angleterre pendant douze à quinze jours. Là, ça y était, on s'est dit qu'il se passait vraiment quelque chose ! On sentait la pression monter, y compris l'énervement des gars. On percevait une certaine impatience chez ceux qui s'étaient engagés depuis plusieurs mois. Tout le monde était plus ou moins tendu.

Il ne faut pas oublier que c'était un camp : il était gardé, il y avait trois rangs de barbelés. Une rangée de barbelés, un *no man's land*, une rangée de barbelés, et ainsi de suite… On couchait sous des tentes. Dans des salles, toujours sous des tentes, on pouvait étudier la représentation du terrain sur lequel nous devrions travailler le 6 juin. On regardait des photos aériennes avec des lunettes spéciales, qui nous permettaient de tout distinguer. On nous a même montré un film, du cinéma, je crois, pour faire monter la pression. Mais on a surtout travaillé sur les maquettes. Dessus, il y avait un nom, le profil du terrain, et chaque section était représentée par des épingles, peintes d'une certaine couleur, avec l'endroit où elle devait se rendre. On n'avait pas le droit de prendre des notes. Mais ce qui était bien au Commando, c'est qu'on pouvait poser des questions. Même si on n'était vraiment pas sur un pied d'égalité avec les officiers, on apportait notre grain de sel si on le voulait. Pourtant, il régnait une certaine tension.

Le 5 juin, on nous a fait monter dans des camions bâchés et on est sortis du camp. Mais on voyait quand même l'extérieur. Je me rappelle avoir aperçu une route avec des véhicules de chaque côté, des chars, et l'artillerie qui attendait. La route menait dans une seule direction. J'ai toujours cette image-là ! Ensuite, on est arrivés dans ce fameux champ que l'on connaît par les photos. Des Anglais jouaient de la cornemuse, les gens étaient assez tendus. Je me souviens avoir joué au football sans ballon. On n'avait pas peur, mais on sentait bien que quelque chose se préparait…

On est restés là un certain temps, peut-être deux ou trois heures, avant d'embarquer, le soir, vers les 5 heures, le ticket à la main. Sans lui, on ne partait pas ! Ce ticket, il fallait le donner à l'entrée de la passerelle pour monter à bord de la barge. La mienne était la n° 523. On s'est installés à l'intérieur, c'était un bateau très sommaire. On s'est tous mis en bas… J'ai l'impression que chacun était un peu chez soi, pensant aux siens. On savait bien qu'il y aurait beaucoup de pertes. Les gens n'étaient pas tellement bavards, même au fur et à mesure que l'on approchait. Je me souviens qu'on pouvait monter sur le pont, alors j'y suis allé. Ça a été l'occasion de voir un spectacle terrible, formidable ! Toute cette armada. On était partis parmi les derniers et on a doublé la flotte jusqu'au moment où on s'est retrouvés en tête. Puis le *breakfast* a été proposé à ceux qui voulaient manger. Avec la mer et notre bateau à fond plat, ce n'était pas ça.

Ensuite est arrivé le moment de la descente de cette barge, sur la plage de Colleville. Ça s'est passé vite et pas trop mal pour moi. On nous avait dit d'avancer, de courir. J'avais avec moi un fusil. C'est important un fusil, on fait beaucoup de choses avec ! On détenait aussi des munitions supplémentaires. On a débarqué précisément à l'endroit prévu. Quelle chance pour nous : ils ne s'étaient pas trompés, contrairement à Omaha ! Une fois à terre, on s'est précipités et, à un moment donné, on s'est tous retrouvés sur la plage. Avec un sérieux problème : tous les Bangalore étaient tombés à l'eau, et on n'a donc pas pu faire la mise à feu. C'est Marc Thubé qui a coupé les barbelés avec sa cisaille. La route qui parcourt maintenant le front de mer n'existait pas à ce moment-là. J'étais à peu près à 20 ou 30 mètres de la dune. La troop n° 1, la troop n° 8, le quartier général et les K Gun aussi. Les Allemands canardaient. J'ai vu Kieffer, 20 mètres derrière, qui avait reçu un éclat à la cuisse. Je m'en souviens très bien. Par contre, je n'ai pas aperçu la troop n° 1. Alors les dégâts qu'elle a eus sur la plage, je ne m'en suis pas rendu compte.

On a passé les barbelés et on est tombés dans un champ de mines. Il y en avait ou il n'y en avait pas ? Ou bien c'était des mines antichars ? Je ne le sais toujours pas aujourd'hui. En tout cas, c'est après l'avoir traversé qu'on est arrivés à la colonie de vacances où on a déposé nos sacs. À ce moment-là, on avait déjà des morts et des blessés, mais notre section K Gun était au complet, personne n'avait été touché. C'est après...

Notre objectif était de suivre une troop en particulier dans sa progression, mais ce n'est pas ce qui s'est passé. Parce qu'il y avait beaucoup de morts, beaucoup de blessés et, disons-le, on a connu un moment de flottement. Ça peut se comprendre. On devait emprunter un parcours précis en direction d'un blockhaus. Le lieutenant Amaury nous a dit : « On y va ! » On est partis en tête, devant les troops, jusqu'à la gare. On a marché seuls pendant environ 2 kilomètres et on n'a trouvé personne sur notre passage, rien du tout ! On devait, à un moment donné, tourner sur la gauche, vers le front de mer, mais on a continué. On a quand même fini par bifurquer et on a trouvé le blockhaus en face de nous. On y est arrivés en faisant marche arrière.

On n'a pas réalisé tout de suite, mais en peu de temps, Labas a été tué. Hubert, tué. Le Moigne, tué. Et on avait des blessés. Morts et blessés étaient si nombreux qu'on n'a vite plus pu bouger. C'était devenu difficile. Alors on s'est embusqués dans une petite maison et Demonet a voulu avancer un peu la tête pour voir d'où venaient les tirs. Il a tout de suite reçu une balle dans le nez, une partie du nez enlevé ! Et Hubert, en essayant de trouver une position pour installer sa K Gun, a été tué d'une balle. Le Moigne aussi, c'est une balle qui l'a eu. La section K Gun est une de celles qui ont payé le plus cher ce jour-là. On a donc combattu, et finalement, ce point-là a été éliminé. Pendant ce temps, la troop n° 1 est allée vers le casino. Moi, je ne connais pas cette histoire parce que je n'y étais pas…

Quand nous sommes revenus, on nous a demandé de rejoindre la colonie de vacances. Alors on a repris la route de l'aller, celle de Lion-sur-Mer… Et là, surprise : il y avait tout le long des morts et des blessés ! Avec le Commando n° 4, on avait débarqué avant le reste de la brigade : le n° 3, le 45e et le 46e RMC étaient arrivés une heure après nous. Je suppose que ce sont eux, ou du moins une de ces unités, qui étaient passés par là. Ils avaient ramassé tout ce que nous n'avions pas pris à l'aller... En revenant sur nos pas, sur cette route, en voyant tous ces morts et ces blessés, j'étais inquiet. Et je me suis dit : « Ce n'est pas possible, on a passé l'âge. » Je ne devais pas être le seul à me demander si on irait vraiment plus loin...

Pendant notre progression dans Ouistreham, on était en contact radio avec Kieffer. Amaury avait un agent de liaison. Je me rappelle avoir vu des civils dans la ville, dont un qui m'a donné une cigarette. Et moi, je lui ai peut-être offert un paquet, ou une cigarette, je ne me souviens plus, juste à côté du blockhaus. Il était sorti de sa maison, très étonné de nous voir. Tout le monde était stupéfait, on nous encourageait. On a eu peu de contacts avec les habitants de Ouistreham, mais ils ont été bons.

En quittant la colonie de vacances, on est partis vers Saint-Aubin-d'Arquenay, on fermait la marche. En chemin, on n'a pas eu trop de pertes, jusqu'au début de l'après-midi, où le lieutenant Amaury a reçu une balle dans le bras. On n'avait plus d'officiers à la K Gun : Hubert était mort, Amaury, blessé, avait été évacué. On était orphelins ! Je crois que c'est Coste qui a pris en main ce qui restait de la section. Le moral était toujours bon, on a continué de foncer, et on est arrivés à Pegasus Bridge. À l'époque, on l'appelait le pont de Bénouville. On ne faisait que passer parce que nous devions aller à Amfreville. Mais il fallait quand même traverser deux ponts : celui de Bénouville et celui de Ranville, sur l'Orne.

À Bénouville, les Allemands tiraient, c'était sérieux, il fallait faire attention. Des gars de chez nous ont été blessés, brûlés par des fumigènes qu'on avait lancés. C'est le cas de Lossec. On l'a évacué plus tard parce qu'ils ne voulaient pas le soigner sur place. Il a été blessé deux fois, d'abord par un fumigène, et ensuite au bois de Bavent. Je me souviens aussi qu'entre les deux ponts, on a vu un groupe de prisonniers allemands tombés entre les mains des parachutistes anglais. Ils leur avaient demandé de creuser des tranchées.

Ensuite, on a progressé vers Amfreville. On a remonté la côte et on est arrivés sur le plat, à l'entrée du village. Une mitrailleuse lourde allemande avec refroidissement à eau, si je ne me trompe pas, se trouvait là. Avec deux Allemands morts. L'un avait été complètement décapité, je m'en souviens. Il y a des choses qui restent…

De là, nous sommes passés en tête et on s'est retrouvés dans un champ, à hauteur de la mairie. Plus loin, on a capturé deux prisonniers de l'organisation Todt qui avaient un brassard avec la croix gammée. En fait, c'étaient des prisonniers italiens, ils ne risquaient pas de nous faire du mal… Dans ce champ, j'ai creusé une tranchée en approfondissant un peu un trou à la base d'un talus. Avec Monceau et Ravel, on s'y est glissés en fin de journée. Apparemment, les Allemands avaient décroché, on ne les sentait pas bien. On s'est donc mis en position près de notre tranchée et on a passé la nuit comme ça. On y est restés le 7, bien sûr, le 8 aussi.

Dans la dépendance d'une ferme qui se trouvait tout près, on a trouvé une mitrailleuse K Gun qu'on a rapatriée à côté de nous avec son tireur, Joseph Le Bris. Les Allemands étaient à 10 mètres de nous. On y est restés le 9 juin. Je me souviens que ce jour-là, on a eu un problème avec un gars de chez nous, un type originaire d'Erquy. Il était très inquiet. Il avait demandé à voir l'aumônier. Parfois, certaines personnes sentent la mort, c'est curieux. Il cherchait du secours, il a demandé à être baptisé. L'abbé de Naurois est venu lui parler et je crois qu'il l'a baptisé… Notre aumônier était un élément précieux pour nous. Pour certains, il était un réconfort. Je l'ai vu pour Gesrel. Il se déplaçait dans les tranchées, il allait donner la communion aux croyants. Et dans de tels moments, on n'avait pas à se faire pardonner nos péchés, tout était absous.

Et le 10, ça a commencé… Or, dans cette espèce de trou où nous étions, on ne pouvait plus bouger. À tel point qu'on était amenés à uriner dans la gamelle et à la balancer par-dessus les rebords. Un obus de mortier est tombé au ras de la tranchée de l'autre K Gun, à 10 mètres de nous, dans laquelle étaient positionnés trois gars. Le premier s'est baissé dans le trou, il n'a rien eu. Le deuxième, Joseph Le Bris, le tireur, a été blessé à la tête. Le troisième, lui, n'a pas eu la place où se cacher. Il a eu la tête enlevée. Je le sais parce que Monceau avait perdu son casque. Et lorsqu'il a voulu prendre celui de Gesrel et qu'il a vu ce qu'il y avait dedans, il a dit : « Ce n'est pas possible… » Je me rappelle qu'on a tiré au sort, puisqu'il n'y avait personne d'autre que nous, pour savoir qui aurait à enterrer Gesrel. C'est curieux parce qu'il avait senti la mort. C'est lui qui avait demandé à être baptisé la veille par l'abbé de Naurois.

Le 10 juin, les Allemands ont passé toute la journée à nous canarder. Et on ne pouvait rien faire. On avait pour consigne de ne pas tirer pour éviter qu'on nous repère. Pour moi, cette journée a été aussi difficile que celle du 6, ou encore du 1er novembre 1944, lorsque j'ai débarqué à Flessingue le jour de mes 20 ans !

Le soir, on a décidé de nous faire déménager et de nous envoyer un peu en retrait, au château d'Amfreville. Avec une partie des K Gun, on est restés coincés dans une ferme parce que les Allemands attaquaient avec une préparation d'artillerie. Le Commando n° 6 a lancé l'offensive avec nous. J'aime autant vous dire que ça descendait, en face de l'entrée de la ferme ! Une Jeep pleine de munitions a pris feu, ça partait de tous les bords ! Ça crachait dur. Priez, des K Gun, a été blessé à la hauteur de l'église. On aurait déjà dû rejoindre notre but, mais on s'était retrouvés piégés. Dans la ferme, ce soir du 10 juin, nous avons eu beaucoup de tués et de blessés. On s'est retrouvés encerclés par les Allemands.

Cette maison était d'ailleurs encore habitée. Le 7 ou le 8, deux chevaux y avaient été abattus. On suppose qu'ils avaient été réquisitionnés par les Allemands, alors le paysan avait décidé de vendre la viande de ses bêtes aux habitants d'Amfreville. Nous, on s'y était opposés ! Il y avait donc eu un léger froid. Des gars de chez nous s'étaient improvisés bouchers : ils avaient débité la viande en morceaux et on les avait distribués à la population. Ça montre un peu l'état d'esprit de certains civils, de certains Normands. D'ailleurs, à Amfreville on s'est fait tirer comme des lapins par des habitants qui, après avoir caché des Allemands, nous visaient dans le dos.

Dans cette même ville, il y avait une boulangerie dans laquelle s'est déroulé un incident dramatique. Les Allemands avaient tiré sur des civils. Six ou sept d'entre eux avaient été tués. Parmi les victimes se trouvait un jeune homme, Maurice Dolley. Il était apprenti boulanger à Amfreville. Blessé pendant l'attaque, il avait été laissé pour mort par l'ennemi. Par la suite, ces personnes avaient été enterrées. Le jeune Dolley avait fait partie du lot puisque tout le monde le croyait mort. En réalité, il était gravement blessé : il avait reçu une balle dans le crâne, et un de ses yeux, je crois, était sorti de son orbite. Dolley était donc dans ce trou, et il essayait d'en sortir. Un chien, un berger allemand, qui avait été enterré avec ces hommes, a tenté de le secourir. En léchant régulièrement le sang qu'il avait sur sa figure, il lui a permis de coaguler. Ce chien a donc peut-être contribué à le sauver. Quoi qu'il en soit, une patrouille de chez nous est arrivée, notamment avec Jean Laffont. Elle s'est aperçue que Dolley était encore vivant et l'a secouru. Il a été évacué et il a survécu. Il est encore vivant aujourd'hui. Maurice Dolley était originaire de Bavent, c'est-à-dire de derrière les lignes, du côté allemand. Son père avait été fusillé ou descendu par l'ennemi à ce moment-là.

Ce qui m'a le plus marqué, c'est de voir qu'une toute petite partie de la France était libérée et que des gens de mon âge étaient là. Pour eux, la guerre semblait terminée alors que ce n'était vraiment pas le cas ! Elle ne s'est achevée que le 8 mai 1945, presque un an plus tard. Mais pour eux, c'était fini. C'est donc un peu écœuré que je suis retourné au front reprendre position à Bréville.

Car après la contre-attaque du 10 juin, on est partis à Bréville : on avait un peu avancé. Dans ce petit bourg, on a préparé des tranchées. Il y avait celle pour le tir qui était devant, et sur l'arrière, des trous individuels, de façon à nous protéger d'éventuels tirs d'artillerie ou de bombardements d'aviation. On s'arrangeait pour creuser juste la longueur nécessaire et le moins profond possible, parce que c'était du boulot ! Monceau et moi, on avait trouvé deux matelas pour une personne, qu'on avait placés au fond de notre tranchée sur de la paille. Je me rappelle très bien que j'avais aménagé mon trou avec des étagères pour mettre les trois petites choses que je possédais. Il était recouvert, c'était en quelque sorte une tranchée de repos… Un jour, Saerens, le second maître, responsable d'une partie de la section K Gun, est venu. Il m'a disputé parce qu'elle n'était pas assez profonde. C'était un fait ! Surtout avec ce matelas qu'on avait ajouté…

À Bréville, nous avions aussi l'habitude, chaque soir, de prendre une boîte de conserve vide et d'y mettre de l'essence. Avec une pompe à vélo, on la vaporisait dans la tranchée de façon à chasser les moustiques. Avec tout ce qu'il y avait comme cadavres de personnes et d'animaux, on était mangés par les insectes ! Un soir, je ne sais pas pourquoi, au lieu de m'occuper d'abord du fond, j'ai commencé par l'entrée de la tranchée. Il a fallu qu'on me tire par les pieds, j'étais un peu asphyxié avec les gaz d'essence. J'ai été envoyé en Jeep en observation à l'hôpital de Bayeux pendant quarante-huit heures.

Toujours à Bréville, des types d'une autre section ont voulu creuser un trou assez grand, de la dimension d'une pièce, pour qu'on puisse s'y retrouver entre nous. Et il est arrivé la même chose : un gars est entré, on a vaporisé de l'essence, puis quelqu'un a allumé une cigarette. Et tout a explosé. Nous avons eu les cheveux et les cils brûlés ! Ça a fait beaucoup de bruit et on s'est bien fait engueuler.

On faisait aussi des rondes de nuit, comme la troop n° 1 ou la n° 8, un peu moins qu'elles peut-être, mais on patrouillait. C'était d'ailleurs assez désagréable, ça sentait la mort, partout ces odeurs… On partait à six, sept ou huit. C'était surtout pour montrer qu'on était là. Et puis après Bréville, on est partis au bois de Bavent. Là, il y a eu beaucoup de combats avec des mortiers et des tirs d'obus. D'ailleurs, Bagot a été blessé à cet endroit. On les entendait bien partir, les obus, et on les entendait bien arriver aussi. Je suis retourné quelques années plus tard sur les lieux et j'ai dit aux gens qui m'accompagnaient : « Méfiez-vous : là, au pied de cet arbre, je sais qu'il y a un obus qui n'a pas explosé. » Le bois de Bavent, c'était vraiment la position forte des Allemands. Ils s'y étaient tous regroupés, c'était la ligne de front de défense.

Quand on avait débarqué, on nous avait dit que ce n'était que pour une dizaine de jours. Et puis les choses se sont éternisées. Personne n'avait prévu qu'on fasse une guerre de positions, il s'agissait à l'origine davantage d'une guerre de mouvement. Alors question moral, il y avait des hauts et des bas, avec des moments de cafard. On était fatigués, je ne peux pas l'oublier. Il faut dire qu'à Amfreville et à Bréville, on était deux heures de garde, deux heures à la tranchée de tir, sans arrêt, sans arrêt... De quoi être vraiment crevés. D'autant qu'on s'attendait à rentrer d'un moment à l'autre. Finalement, ça ne s'est fait que fin août, début septembre, ça a été quand même long !

À la mi-août, les lignes ont quand même bougé avec l'attaque dans le bois de Bavent. Cet endroit, c'était l'objectif du Commando n° 4, et après l'offensive, la guerre de mouvement a repris. On avait récupéré une chenillette Renault, et on a pris position avec au bois de Bavent. Alors on nous a disputés parce que les Allemands avaient pu entendre ce bruit et peut-être même le reconnaître. Je ne sais pas si c'est ce qui s'est passé... En tout cas, quand on a attaqué, les Allemands avaient déjà quitté les lieux. On les retrouverait plus tard, à l'Épine. Mais l'Épine, je ne m'en souviens plus très bien.

Plus tard, je me rappelle avoir traversé Pont-l'Évêque de nuit. Un pont avait sauté et je sais qu'on est passés sur quelque chose qui n'était pas large et qui le remplaçait... On trimbalait nos sacs, toujours à pied, à travers champs. Avant Pont-l'Évêque, on a marché une partie de la nuit. Demonet, qui avait été blessé le 6 juin, était revenu. Je me rappelle très bien qu'il avançait devant moi. Quand on a atteint Beuzeville, il était très tôt mais il faisait déjà jour. On nous a fait savoir que nous n'allions pas continuer. Là, on a eu le premier accueil formidable en tant que libérateurs. Les gens se pressaient pour nous verser à boire. Si on était arrivés devant le petit bourg à jeun, certains ont eu bien du mal à en trouver la sortie !

Je me rappelle aussi que quand on est arrivés à Beuzeville, on m'a confié la mission d'accompagner des FFI en haut d'un petit bois où se trouvait un terrain à découvert. Des Allemands se terraient peut-être là, dans une baraque. Je suis donc parti patrouiller avec les FFI : j'avançais dans le bois et les gars me suivaient. Je me disais qu'il fallait approcher, avancer quoi. Je ne dis pas que les FFI avaient peur, mais la manière dont je progressais les a décontenancés. Arrivé sur le plateau, je leur ai dit : « Vous me protégez, et moi j'avance. » En fait d'Allemands, il n'y avait rien du tout, alors on est rentrés.

À Beuzeville toujours, une commerçante avait été arrêtée par les FFI qui voulaient la tondre. Je ne me rappelle plus si c'était parce qu'elle avait trafiqué avec les Allemands ou autre chose, mais cette femme m'a supplié d'intervenir, de demander aux FFI qu'ils la relâchent. Mais je n'ai pas pu… On trouvait ça dur, nous, les Français, de voir qu'ils attrapaient toutes les filles ou toutes les femmes qui avaient prétendument couché avec les Allemands pour les raser ! On a essayé d'interdire ces pratiques avec plus ou moins de réussite…

Puis à la sortie de Beuzeville, on nous a installés dans une grande propriété, une ferme. On y est restés quelques jours avant de repartir vers l'Angleterre. Sincèrement, tout le monde était fatigué, tout le monde en avait marre. On était contents d'arriver à terme, du moins pour ce qui est de la Normandie. On ne savait pas encore qu'il y aurait autre chose après. On en était tous au même point : fatigués, usés…

Alors certains gars sont partis en permission. Dans les coins où la France était libérée, les gens ont pu retourner chez eux. La région dont j'étais originaire avait aussi été libérée, mais un problème de transport se posait, donc j'ai préféré ne pas rentrer. En effet, la date de retour de permission était précise, c'est pourquoi j'ai choisi de me rendre directement en Angleterre, et de rejoindre les gens chez qui j'avais l'habitude de vivre, des amis, des AVF. Ces personnes étaient volontaires pour nous recevoir chez elles en vacances.

J'ai donc quitté la Normandie en embarquant à Arromanches à bord d'un cargo. J'ai été frappé par l'accueil qu'on nous y avait réservé : la musique, les honneurs qui nous étaient rendus, les civils qui étaient là et nous attendaient. Tout était prévu, il y avait buffet, il y avait à manger, il y avait à boire. Et à côté, le train dans lequel on devait monter pour rejoindre Petworth, notre caserne. Ensuite, je suis allé à Sutherland, près de Newcastle. Nous étions les premières troupes à rentrer en Angleterre, autour du 8 septembre 1944.

Entretiens réalisés les 24 octobre 2002
et 21 juillet 2004.

Pierre Ernault
22 ans le 6 juin 1944

Pierre Ernault

(1921-2015)

Pierre Ernault est né au Mans le 29 octobre 1921. Après l'obtention de son certificat d'études, il trouve un emploi dans un magasin d'électricité au Mans. Il décide de souscrire un engagement de cinq ans dans la marine en juillet 1939 et rejoint le 5ᵉ dépôt des équipages de la flotte à Toulon. Il est affecté comme canonnier sur le cuirassé *Courbet*, transformé alors en navire école de canonnage, puis, à partir du 1er mars 1940, sur le contre-torpilleur *Valmy*.

Après neuf mois de Drôle de guerre, le *Valmy* est envoyé au large de l'Italie mussolinienne, au sein de la 3e escadre pour des missions de bombardement en rade de Gênes et contre la flotte italienne le 14 juin 1940.

Stationné à Beyrouth dans le cadre de la force maritime du Levant, le *Valmy* est engagé ensuite dans la défense de la Syrie contre les assauts de la marine britannique. De retour avec le *Valmy* à Toulon en juillet 1941, Pierre Ernault se porte volontaire pour rejoindre à Dakar le cuirassé *Richelieu* avec comme but la Gambie, colonie britannique, et de là, rallier le général de Gaulle.

Embarqué à bord du *Richelieu* le 1er janvier 1942 comme quartier-maître, Pierre Ernault y fait la rencontre d'un futur membre du Commando Kieffer, Albert Archieri. C'est lors d'une escale du *Richelieu* en février 1943 dans le port de New York pour des travaux de modernisation que Pierre Ernault et Albert Archieri font le choix de la désertion. Pierre Ernault signe son engagement provisoire dans la France libre avant d'être interné par les Américains avec d'autres déserteurs à Ellis Island. Finalement libéré à la suite de l'intervention du général de Gaulle, il embarque dans le port canadien d'Halifax à bord du *Queen-Elizabeth*. Il arrive à Greenock, en Grande-Bretagne, le 4 avril 1943.

Pierre Ernault transite par les casernes Surcouf à Londres, puis Bir-Hakeim, près de Portsmouth, avant de se porter volontaire auprès du commandant Kieffer pour rejoindre les commandos. Il signe officiellement son acte d'engagement dans la France libre le 5 avril 1943. Il intègre alors avec Archieri la future troop n° 8 d'Alexandre Lofi qui se prépare à monter en Écosse. Breveté commando à l'issue du stage d'Achnacarry, il est versé au Commando interallié n° 10 à Eastbourne puis, au début de l'année 1944, intégré au Commando n° 4 du colonel Dawson.

*

À l'issue de la campagne de Normandie, Pierre Ernault effectue le débarquement à Flessingue le 1er novembre 1944, et l'ensemble de la campagne de Hollande. Une fois démobilisé, il retourne au Mans et se marie le 8 août 1945. Il est embauché par une importante compagnie maritime française, ce qui lui donne l'occasion de voyager sur toutes les mers du monde jusqu'à sa retraite de la marine marchande en 1974. Pierre Ernault est fait chevalier de la Légion d'honneur le 18 juin 2004, à Ploudalmézeau.

Il est décédé le 13 février 2015.

On devait tenir, il ne fallait pas se laisser aller

À partir du mois de mai 1944, on a été consignés dans un camp, à côté de Southampton, pendant une quinzaine de jours. C'est là qu'on a découvert l'objectif à prendre, sur des maquettes. Je n'ai pas reconnu l'endroit parce que ce n'était pas ma région. Mais d'autres l'ont identifié, des Normands, des types du Havre. Puis la rumeur s'est transmise doucement. On était sûrs de débarquer en France. On était contents !

On a embarqué le 5 juin. À bord de la barge, on essayait de sommeiller dans la cale. Les gens étaient un peu nerveux. On se disait : « Ça y est, c'est le grand jour ! » Quand on a approché des côtes, ça tirait de tous les côtés. On n'avait pas l'objectif en tête, on se contentait de suivre notre chef de groupe. Une fois débarqués à Colleville, on devrait essayer de quitter le plus rapidement possible la plage. Mais la passerelle de notre barge a été coupée en deux. Alors on a été obligés de sauter à l'eau. On en avait jusqu'à la ceinture. Heureusement, on a pu se dégager rapidement.

On ne pensait à rien à ce moment-là. L'objectif était le casino, mais je n'ai pas participé à sa prise. Des blockhaus nous tiraient dessus. Il fallait essayer de les contourner et de passer. On avançait par petits groupes. À la troop n° 8, on a eu pas mal de pertes. Pendant la progression, on a été en contact avec des civils, et même avec des résistants, qui nous indiquaient quel chemin emprunter. Ça nous a aidés.

Notre deuxième objectif, c'était le pont de Pegasus. Enfin, le pont de Bénouville à l'époque. Avant d'y arriver, il a fallu avancer dans les terres. Et se planquer le plus possible, car il y avait des snipers un peu partout. On en avait aussi dans notre groupe, deux ou trois, parmi lesquels mon grand collègue, Rabiot[1]. C'était un tireur d'élite. Pour franchir le pont, ça a été difficile. L'aviation avait fait pas mal de dégâts et les parachutistes anglais le tenaient avant qu'on arrive, mais il y avait encore de la résistance allemande. Je me rappelle qu'on a traversé en vitesse !

On a filé ensuite à Amfreville… Je ne m'en souviens pas tellement. Mais il nous a fallu creuser des tranchées pour se mettre à l'abri. On est restés 89 jours dans ces trous je crois. Chacun tenait sa position, on était à deux ou trois dedans, pas vraiment à l'abri des tirs allemands. Les bombes qui tombaient nous ont fait subir de gros dégâts. Parfois, on quittait nos trous pour faire des patrouilles de reconnaissance de notre plein gré. Je me souviens que j'y allais avec Rabiot, sans prévenir.

La contre-attaque allemande du 10 juin a été assez sérieuse. Seulement quatre jours après le Débarquement ! Si les Allemands avaient vraiment su combien on était, ils nous auraient repoussés. Mais ils ont pensé qu'on était davantage. Ce 10 juin, pas mal y sont restés. J'étais sorti de ma tranchée, ça canardait. Les bombes pleuvaient. J'ai fait un bond pour en éviter une, et elle a fait un trou gros comme une maison.

---

1. C'est un surnom. Son vrai nom est Pierre Le Reste.

Ensuite, on est partis vers Bavent, l'Épine... On n'était pas faits pour ces combats qui n'étaient pas vraiment prévus. On avait conscience qu'on devait tenir, il ne fallait pas se laisser aller.

Au quotidien, on se débrouillait comme on pouvait. Certains allaient dans les fermes pour rapporter de quoi manger, d'autres y trouvaient même parfois un veau.

Ensuite, on est allés jusqu'à Beuzeville, Saint-Maclou. Je me souviens avoir vu là-bas des scènes de femmes tondues, des règlements de comptes. Ça m'a choqué, parce que certaines ne méritaient peut-être pas ça. Je pense que c'était surtout des histoires de jalousie.

Après Beuzeville, on est retournés en Angleterre par le port d'Arromanches. Au Royaume-Uni, certains ont eu des permissions. Mais moi, j'y suis resté, chez l'habitant, pendant que d'autres partaient en France, parfois pour ne pas revenir.

Entretien réalisé le 24 octobre 2002.

Abbé René de Naurois
37 ans le 6 juin 1944
© Mémorial de Caen.

Abbé René de Naurois « Le Padre »

(1906-2006)

René de Naurois est né à Paris le 24 novembre 1906. Après ses études secondaires, une licence de lettres puis de mathématiques à la faculté de Toulouse, il effectue en 1931 son service militaire dans l'artillerie comme officier de réserve. Il entreprend des études d'ecclésiastique à l'Institut catholique de Toulouse. Au cours de l'année 1933, René de Naurois séjourne régulièrement en Allemagne, devenant témoin des prémices du nazisme. Il effectue un deuxième puis un troisième séjour pendant les étés 1935 et 1936.

Ordonné prêtre en 1936, il s'installe à Berlin comme aumônier adjoint de la communauté française de 1937 à 1939. C'est à cette occasion qu'il rencontre à plusieurs reprises Otto Abetz. Au cours de cette période également, il découvre pour la première fois des prisonniers allemands de retour des camps de concentration.

En septembre 1939, il est mobilisé comme lieutenant d'artillerie de montagne, avant d'être envoyé dans la région de Lille avec la 1re armée, affecté au 1er bureau de l'état-major. Devant l'avancée allemande, il est renvoyé à Paris par Dunkerque et Cherbourg. Il se trouve dans la capitale au moment de l'arrivée des Allemands. Avec son état-major, il doit évacuer à Maisons-Laffitte, puis en direction de Poitiers. C'est finalement à Pau qu'il termine son périple au sein de l'état-major replié de la région militaire de Bordeaux.

Démobilisé le 1er août 1940, René de Naurois expose à son évêque son souhait de rejoindre Londres. Face au refus de son supérieur, il est nommé aumônier des étudiantes de la faculté de Toulouse. Très engagé dans ses sermons contre le national-socialisme et très proche des milieux résistants de la région, il fait rapidement l'objet de plusieurs perquisitions.

Sa rencontre durant l'été 1940 avec Dunoyer de Segonzac lui permet d'intégrer l'École nationale des cadres d'Uriage, en tant qu'aumônier et conférencier. Parallèlement, René de Naurois continue à entretenir son évêque, monseigneur Saliège, de son projet de rallier Londres. Après son exclusion d'Uriage et devant un nouveau refus, il est chargé de l'aumônerie du couvent des religieuses de Notre-Dame-de-la-Compassion à Toulouse. Suspecté de sentiments anti-allemands, il fait l'objet d'une nouvelle perquisition le 6 novembre 1942. Traqué par la Gestapo et face au risque d'invasion de la zone libre à l'annonce du débarquement allié en Afrique du Nord, il décide de s'évader par l'Espagne.

Autorisé par l'évêque à quitter la France, il effectue en décembre 1942 une première tentative par les Pyrénées orientales. Il tente un nouveau départ pour la Cerdagne le 10 janvier 1943 et parvient à rallier Barcelone, puis Madrid, Séville et enfin Algésiras où il prend contact avec le consul britannique. La fin de son évasion le conduit en barque jusqu'à Gibraltar, où il est pris en charge par les Britanniques. René de Naurois rallie l'Angleterre le 15 mars 1943 et signe son engagement dans la France libre le mois suivant.

*

René de Naurois participe ensuite aux combats de Walcheren et de Flessingue. Une fois démobilisé en juin 1945, il assure les fonctions d'officier de contrôle à la Division des affaires politiques à Berlin d'octobre 1945 à mars 1946.

De retour dans son diocèse de Toulouse, il enseigne ensuite à la faculté. Promu lieutenant-colonel de réserve, il est volontaire en décembre 1956 pour une période d'instruction en Algérie comme chef d'escadron. Il entre au CNRS en 1960 en poursuivant des travaux de recherches scientifiques en ornithologie, sujet auquel il consacra une thèse d'État soutenue en 1969. En 1988, il se voit conférer le titre de Juste parmi les nations par le mémorial de Yad Vashem en Israël, pour son rôle joué au cours de l'année 1942 dans le sauvetage des Juifs de France vers la Suisse.

René de Naurois est décédé le 12 janvier 2006 à Brunoy. Il était compagnon de la Libération depuis le 17 novembre 1945. Il est inhumé dans le cimetière de Ranville au côté de certains camarades de combat du Commando Kieffer.

J'ai donné les sacrements à tous ceux qui le demandaient, en particulier à un Allemand

Une fois que je suis passé au centre de tri de Patriotic School, j'ai été remis aux autorités françaises. J'ai alors immédiatement demandé à l'aumônier de toute la Grande-Bretagne, un chanoine de la région de Grenoble, d'être présenté au général de Gaulle. L'aumônier ne comprenait pas pourquoi j'avais attendu 1943 pour rallier la France libre. Il ne concevait pas que j'aie été retenu par mon évêque, monseigneur Saliège, qui m'avait demandé de rester en France, parce que pour lui, défendre l'honneur de mon pays revenait à le faire de l'intérieur, et pas depuis Londres. Mais j'étais féroce, je voulais aller en Angleterre : j'étais convaincu que les Anglais ne céderaient pas ! En arrivant là-bas, j'ai été rapidement nommé adjoint de cet aumônier. Mon titre était : « direction de l'aumônerie par intérim », c'est-à-dire que je le remplaçais lorsqu'il était absent.

J'ai donc été présenté au général de Gaulle. En tant qu'officier d'artillerie, je lui ai tout de suite demandé à servir comme aumônier dans une unité combattante, pas assis dans un fauteuil, pas à Londres ni à Édimbourg. Le Général a dit oui. Puis un jour, trois semaines après mon arrivée, il m'a fait appeler : « Voilà, je vous offre quatre possibilités : vous pouvez rejoindre l'escadrille de chasse Normandie-Niémen en tant qu'aumônier, avec les Russes ». Je ne me voyais pas monter dans un avion. « Vous pouvez également être aumônier des parachutistes. » Ça, c'était beaucoup plus intéressant mais, à cette époque, cette section était encore en formation.

Les renseignements que j'avais sur les parachutistes étaient flous, donc je n'ai pas accepté. Ensuite, il m'a proposé une autre aumônerie, je ne sais plus laquelle, et enfin, une aumônerie des fusiliers marins commandos. Moi, j'ai dit : « Je choisis les commandos ! »

J'ai donc procédé par élimination, mais aussi par sympathie. Parce qu'en trois semaines, j'avais rencontré une ou deux fois, le samedi soir et le dimanche – jours de permission –, des types qui étaient justement des commandos et qui m'avaient dit que je devrais les rejoindre. Je les avais trouvés sympathiques… C'est comme ça que je suis devenu leur aumônier. J'avais conscience que ces fusiliers marins étaient destinés à se trouver en première ligne le jour venu. Eux-mêmes savaient très bien à quoi on les préparait, et ils me disaient : « Si vous venez avec nous, vous serez un des premiers à débarquer en France. » J'ai donc demandé ce poste. Et le général de Gaulle m'a dit, avec son accent : « Alors vous choisissez cela, fusiliers marins… Pas marins sur un bateau, mais marins de l'armée de terre, si l'on peut dire… » Je garde un bon souvenir de cette entrevue avec le Général. Il n'était pas prolixe mais très aimable, très heureux de recevoir un prêtre.

Les commandos n'étaient qu'une centaine à ce moment-là, ils n'absorbaient pas l'activité d'un prêtre, qui aurait pu avoir affaire à mille personnes, voire davantage. Ça ne remplissait donc pas mon emploi du temps. Alors l'aumônier général a demandé à de Gaulle s'il pouvait m'employer à Londres avec lui, tout en me laissant la possibilité de rendre visite aux commandos aussi souvent que je le voulais. J'ai donc fait plusieurs voyages : en Écosse, au pays de Galles, en Angleterre, pour aller voir mes commandos. Mais ma base était à Londres, à l'aumônerie générale. J'étais bien occupé.

Quelque temps avant le Débarquement, on était fin 1943-début hiver 1944, j'ai pris mes renseignements : « Croyez-vous que le Débarquement soit imminent ? Est-ce que je peux, sans vous faire trahir un secret, vous demander s'il m'est possible d'aller en Cornouailles, pas très loin de Londres, pour visiter les familles bretonnes qui y résident, et faire mon travail d'aumônier ? Ça me prendrait trois semaines. » On m'a répondu que j'avais le temps et je suis donc parti en Cornouailles. Je téléphonais tous les jours à Londres : « Est-ce qu'il y a du nouveau ? On n'a pas fait appel à moi, tout va bien ? »

Je suis rentré à Londres avec ma Jeep et mon chauffeur, après trois semaines, ayant fait un travail utile, ayant visité des familles de marins français et des soldats qui étaient aussi sur place. Au moment où j'ai posé le pied devant l'aumônerie générale – dans ces bureaux que l'on appelle le ministère de la Marine, tout près de la gare Victoria et à côté de l'état-major du général de Gaulle –, des secrétaires m'ont lancé : « On vous cherche partout, des télégrammes sont arrivés pour vous, le commandant Kieffer a téléphoné… » Je me suis dit : « Ça y est ! » J'ai monté quatre à quatre les escaliers, je suis arrivé à mon bureau, où se trouvait ma petite secrétaire : « Monsieur l'aumônier, voilà tous les courriers. » Une lettre m'invitait à regagner immédiatement Bexhill, sur la côte, une toute petite ville à côté de Douvres. C'est tout. « Ralliez Bexhill, ordre du commandant Kieffer. » J'ai de nouveau pensé : « Ça y est, c'est le Débarquement ! »

Je suis arrivé autour de midi ou 1 heure. Le soir, j'ai dicté des lettres urgentes à ma secrétaire, soldé les affaires courantes, appelé l'aumônier de l'air, l'abbé Godard, pour qu'il prenne la succession de l'aumônerie générale où il n'y avait pas grand-chose à faire. Il était évident à ce moment-là que les affaires intérieures en Angleterre étaient réglées et que c'était tout le reste qui importait. Pour moi, tout était donc en ordre, mais ma demande à l'abbé Godard m'a valu des difficultés avec l'état-major du général de Gaulle. Pourtant, si j'avais pris cette décision, c'est parce que je considérais que c'était à moi de le faire. Je savais mieux que quiconque ce que valait l'abbé. Par ailleurs, il était resté sur place et, en tant qu'aumônier de l'air, il n'allait pas monter dans les avions. Il avait donc très peu à faire !

Et me voilà parti le lendemain matin. À 1 heure de l'après-midi, j'étais avec les commandos, à Bexhill. J'avais déjà rencontré Kieffer à plusieurs reprises. J'étais allé voir les commandos en Écosse deux ou trois fois, et aussi souvent au pays de Galles ainsi que dans plusieurs autres endroits. Je m'y rendais au moins chaque mois. Tout de suite, les types s'étaient montrés curieux. Nous étions d'accord avec le commandant Kieffer. Je leur faisais une causerie sur la Résistance en France. Ça, ça les intéressait, le sujet permettait d'établir un bon contact. D'ailleurs, ça s'était très bien passé.

Du coup, j'ai échappé à l'entraînement : il était trop tard. J'étais en bonne santé, j'avais confiance en moi parce qu'en tant qu'alpiniste, j'avais fait des courses difficiles. Si je n'étais donc pas nul au point de vue physique, je n'avais pas la résistance d'un soldat habitué à porter un sac de 40 kilos sur les épaules. Je n'ai pas la constitution d'un homme capable de fournir un effort continu, il me fallait du repos. À l'inverse, j'ai trouvé ces commandos français en pleine forme, j'ai eu confiance en eux tout de suite. En Kieffer d'abord, bien sûr ! Nombre d'entre eux s'étaient déjà illustrés dans des raids sur les côtes de France, de Belgique et de Hollande.

À Bexhill, on m'a habillé, on m'a donné des costumes anglais, des vareuses, des tenues de combat, des souliers, tout l'équipement… Et puis on nous a transportés en voiture face à l'île de Wight, dans le camp de Titchfield, où nous sommes restés une dizaine de jours pour le briefing, c'est-à-dire l'instruction technique, précise, de ce que nous avions à faire aussitôt débarqués. Nous n'avons eu aucune indication géographique de l'endroit où nous allions débarquer, nous ignorions tout du lieu, mais disposions de photographies, de maquettes, de cartes, de détails : « Vous aurez ceci, vous vous occuperez de cela, il faudra faire attention à tel endroit que nous ne nommerons pas, mais que vous reconnaîtrez sur place, parce que des défenses allemandes particulièrement dangereuses s'y trouvent, etc. » Nous mémorisions tout ce que nous voyions. Si quelqu'un s'était permis de parler, même de répondre « bonjour » à un passant, il aurait été fusillé… Condamnation à mort pour quiconque aurait un contact, aussi bref soit-il, avec une personne de l'extérieur. Secret absolu ! On était avertis.

J'ai eu l'occasion de célébrer des offices pendant cette période d'attente. La veille du jour J, il y a eu une démonstration de piété tout à fait nette, les gens étaient extrêmement gentils avec moi, les Anglais comme les Français. J'avais aussi des homologues anglais, des aumôniers.

Au sein du Commando n° 4 britannique, nous formions un bataillon français de 177 hommes, les effectifs d'une compagnie. Mais nous étions surarmés, nous constituions un bataillon formidable. On faisait partie d'un Commando britannique lui-même intégré à une brigade de Commandos, la 1re brigade. Un colonel anglais nous commandait. Il s'appelait Robert Dawson, un homme absolument délicieux, charmant, très compétent, très courageux, très instruit, parlant français comme vous et moi, avec qui je me suis lié d'une grande amitié, et dont je peux dire qu'il est mort dans mes bras après la guerre. J'allais souvent le voir, je savais qu'il était très malade et je suis arrivé deux jours avant son décès. Il était anglican mais je sentais qu'il désirait devenir catholique. D'ailleurs, un de ses fils s'était déjà converti. Enfin, j'étais très prudent… Je ne voulais pas dire ni laisser entendre quoi que ce soit qui aurait pu le gêner. Et finalement, un soir, deux jours avant sa disparition, il a exprimé quelque chose qui signifiait : « Toi catholique, moi anglican »… Alors je lui ai répondu : « Fous-moi la paix ! Tu es catholique. » À ce moment-là, je lui ai pris la main, nous avons prié, je lui ai donné la communion, j'avais apporté une hostie. Et il s'est mis à pleurer, pleurer, des yeux remplis de larmes de joie. Voilà comment est mort le colonel Dawson.

À mon arrivée, on m'a donc habillé en soldat. Un aumônier commando, on le reconnaît grâce à un signe distinctif : il porte une grande croix autour du cou. Dans mon paquetage, j'avais tout ce qu'il fallait pour dire la messe, un autel portatif, des hosties, bien entendu, du vin de messe, et puis mon linge et un peu de nourriture. Je ne portais pas 40 kilos, mais une bonne dizaine quand même.

Puis on nous a emmenés au bord de la plage, un soir, vers 5 heures, et on a embarqué. Durant la traversée, j'ai réussi à dormir à deux reprises. Je suis monté sur le pont une première fois pendant la nuit, vers 2 heures du matin. Il faisait très noir. Le temps était mauvais, sinistre, on ne voyait rien. Une grosse masse noire à côté, c'était un bateau polonais, je ne sais pas à quoi il servait exactement. Je suis remonté sur le pont vers 5 heures, 5 heures et demie, au lever du jour. C'était magnifique, un ciel barré de nuages, mais avec des échappées de bleu, un temps intermédiaire, et la mer, un peu gris opale, couverte de bâtiments de guerre, des gros cuirassiers avec des canons formidables et des embarcations pour le personnel, quelques chars et des canons sur le pont. Il y avait beaucoup de navires de transport. Certains, destinés aux Anglais, étaient plus grands que les deux barges où nous avions pris place.

Quelques miles avant d'arriver, il a fallu faire descendre ces soldats anglais dans des bateaux de débarquement. Nous, nous n'avons pas eu besoin de les rejoindre, parce que le bâtiment sur lequel nous étions était un intermédiaire entre la barge et le gros navire. C'était une petite embarcation, on s'y sentait très bien... Quand la quille a touché terre, elle s'est arrêtée. Et on est descendus. On nous avait crié un ordre, déjà, quelques minutes auparavant : « Préparez-vous à débarquer ! »

Alors on est allés sur le pont, chargés avec des armes, des munitions, des sacs. Il y avait des glissières pour descendre dans l'eau. Pour ma part, j'en avais jusque sous les bras. Et puis tout de suite, la casse, évidemment, des blessés et des morts... Des soldats du génie avaient touché terre avant nous. Ils étaient chargés d'aménager les plages pour qu'on puisse sortir avec des armes, des chars, des véhicules. Sur le sable, des blessés étaient déjà soignés par des brancardiers et par des aumôniers du génie. Quand on a débarqué, je n'avais pas le droit de m'attarder, de laisser ma troupe devant. Sinon, je n'aurais pas pu la rattraper. Il fallait que je reste avec mes camarades. J'ai naturellement distribué des absolutions, et même donné des sacrements, mais très vite, sans m'arrêter.

Après, on est arrivés dans Ouistreham, pour la prise du casino. J'étais avec Renault et Rollin au moment de la mort du médecin Lion. C'était un ami pour moi. Nous causions ensemble, nous faisions beaucoup de choses tous les deux. Il était Juif... Il a été tué d'une balle en plein cœur. Il y a eu un blessé aussi, un tout jeune garçon, une balle dans la tête. Il ne parlait pas, il s'agissait de Paul Rollin.

Dans la soirée, nous avons gagné les positions que nous avons occupées jusqu'à la fin du mois de juillet 1944. Dans la première semaine de juillet, nous avons très nettement senti que les Allemands cédaient. Ils continuaient à se battre, courageusement, mais ils reculaient. Les généraux qui les commandaient étaient en rébellion contre Hitler et engagés dans les voies d'une attaque pour le supprimer. J'ai appris l'attentat du 20 juillet contre lui le lendemain, dans les lignes, avec les commandos. Cela ne m'a pas étonné du tout. Connaissant l'Allemagne telle que je la connaissais, je n'ai pas été surpris qu'ils essaient de le tuer.

Sur le front, j'ai donné les sacrements à tous ceux qui me le demandaient, et en particulier à un Allemand, ça a été très touchant. C'était à minuit, entre le 11 et le 12 juin à Bréville. Cet Allemand blessé avait été amené là où nous avions nos positions. Nous étions au repos avec un petit groupe de Français, dans un château qui se trouve à côté du Plein. On est venu me chercher vers 7 heures du soir pour un officier anglais qui avait été blessé. Je l'ai vu, je lui ai donné les sacrements et nous avons discuté. J'étais très lié d'amitié avec lui, je connaissais sa famille, en Écosse. Je suis donc resté un moment dans cette ferme où se tenaient également des prisonniers allemands. Je suis allé dans les hangars pour voir s'il y avait des blessés qu'on n'avait pas encore remarqués. Et j'ai effectivement trouvé un Allemand assez gravement touché – je ne crois pas qu'il en soit mort. J'ai fait appeler des infirmiers et, avant qu'un brancardier puisse venir, j'ai eu une conversation avec lui. C'était un brave type. On parlait allemand, il était reconnaissant... Il a été un peu surpris de se retrouver face à un aumônier habillé en Britannique, parlant allemand. Je lui ai dit tout de suite que j'étais français, que j'étais un prêtre catholique. Il m'a aussi répondu en allemand qu'il était aussi catholique. C'était très touchant.

J'ai procédé également aux enterrements. Ce n'était pas toujours facile d'enterrer les morts. Avec les Allemands bien en face de nous, il fallait choisir des endroits un peu compliqués, protégés par des bâtiments, par des arbres, des replis de terrain. Dans ces moments, tous les commandos français ne venaient pas se recueillir. Seuls le pouvaient ceux à qui on avait donné une permission, parce qu'il fallait tenir les positions. Mais plus on avançait, plus les Allemands s'avéraient inoffensifs, occupés à leurs affaires. Par conséquent, il m'a été possible de dire une messe, en juillet 1944. On m'a même permis, sans aucune difficulté, de rendre visite à des cousins qui habitaient un château de famille près de Bayeux, à Lantheuil.

Après la Normandie, j'ai fait la campagne de Hollande, au sein du même Commando, qui a été désigné dans la 4ᵉ brigade spéciale pour participer à la prise de Flessingue. J'ai suivi sans aucun problème. Mais on nous avait envoyés en permission avant de repartir. De la fin novembre 1944 jusqu'au 1ᵉʳ mai 1945, j'étais en traitement dans un hôpital en Angleterre. Puis j'ai retrouvé le bataillon français le 2 mai 1945, aux Pays-Bas. La guerre était finie.

Entretiens réalisés les 27 mars
et 22 mai 2002,
et le 4 mai 2004.

René Rossey
17 ans et demi le 6 juin 1944

René Rossey
Le p'tit Rossey

(1926-2016)

Né le 30 août 1926 à Tunis d'un père français et d'une mère italienne, René Rossey quitte son pays natal pour le Liban où il souhaite rejoindre les FNFL à Beyrouth. C'est l'écoute de la radio de Londres, le soir, chez lui ou avec ses parents à Tunis, qui l'a conduit à prendre cette décision.

À la suite de l'entrée des troupes de la 8e armée britannique dans Tunis, il contacte le bureau d'incorporation des FFL et, en trichant d'une année sur son âge, signe son acte d'engagement le 15 mai 1943. Il gagne seul Tripoli puis Beyrouth. Après deux mois d'instruction militaire en juin et juillet 1943, René Rossey prend un convoi faisant route vers l'Angleterre *via* Alexandrie.

Puis c'est le camp d'instruction de Camberley où il signe une seconde fois son acte d'engagement dans les FNFL. Revenu dans le camp des marins à la caserne Bir-Hakeim près de Portsmouth, il fait rapidement face à l'inaction jusqu'à l'arrivée de Philippe Kieffer en visite sur les différents centres d'entraînement, à la recherche de nouveaux volontaires pour son unité. Séduit par le personnage, René Rossey se laisse tenter par l'aventure des commandos. Il a alors 17 ans.

Après avoir effectué son stage à Wrexham, au pays de Galles, il intègre le Commando Kieffer en tant que membre de la section de mitrailleuses K Gun.

*

À partir du 1er novembre 1944, René Rossey prend part au débarquement du Commando Kieffer sur la presqu'île de Walcheren et à l'ensemble de la campagne de Hollande. Démobilisé en 1946, il retrouve la vie civile. Sans ressources et ayant interrompu ses études, il entame une longue période d'errance à Paris. Il retourne finalement en Tunisie, se marie, fonde une famille, avant de revenir s'installer et travailler en France à partir de 1954. Il fait carrière pendant trente-deux ans dans la société Total.

Âgé de 17 ans le Jour J, René Rossey est le plus jeune des 177 volontaires du Commando Kieffer. Il est décédé le 19 mai 2016.

Putain ! J'ai eu 18 ans à Beuzeville

Lorsqu'on a commencé à interdire tous les raids de commandos sur les côtes françaises, belges ou hollandaises en mars 1944, on a eu le sentiment qu'il se préparait quelque chose. On savait qu'on ne nous faisait pas faire ça comme ça, ce n'était pas possible. On pensait même partir en Extrême-Orient. Au mois de mars, on a réalisé un simulacre de débarquement en Écosse, à peu près le même exercice que celui qu'on reproduirait en Normandie. Je me rappelle que le temps était maussade. Depuis des barges, on devait sauter, plonger. On s'était dit qu'on allait se faire avoir. Quand on est descendus dans l'eau, on était tout habillés, elle était très haute et on était complètement frigorifiés. L'exercice se passait de nuit. Devant nous, il y avait les chars. Comme d'habitude, on portait des gilets de couleur et on se mettait avec la troupe bleue et la troupe rouge. On est restés comme ça jusqu'à 11 heures du matin. On avait tellement froid qu'on se plaçait derrière les pots d'échappement des chars pour essayer de se sécher. Moi qui venais d'Afrique du Nord, je ne savais plus où me mettre.

Puis des camions sont venus nous chercher pour nous emmener dans une école. Mais elle n'était pas chauffée. On avait un système de ronds autochauffants, c'était de l'alcool solidifié. J'avais si froid aux pieds que j'avais enlevé mes godasses. Je pensais qu'ils étaient gelés, alors je posais ce truc-là dessus. Mais il n'y avait rien à faire... Les Anglais se sont aperçus qu'on était vraiment frigorifiés et ils nous ont transportés dans un réfectoire où il faisait plus chaud. C'est à ce moment-là qu'on a reçu nos badges de commando pour nos bérets. Il y a eu une cérémonie particulière parce qu'on avait encore l'insigne de la croix de Lorraine dessus. Il a donc été remplacé par celui des commandos.

Après ces cinq jours d'entraînement en Écosse, on est descendus vers le sud de l'Angleterre, à Bexhill, où on est restés jusqu'à la mi-mai. Puis on a rejoint le camp de Titchfield. On s'y est retrouvés complètement isolés et coupés du monde. Alors on a su que le Débarquement arrivait... On ne savait pas où on allait atterrir. Des copains me parlaient de la France, mais je ne connaissais pas ce pays ! Il y en a même un qui évoquait la Normandie. Je savais un peu où ça se trouvait, je l'avais appris à l'école. On entendait des rumeurs. Sous une grande tente, il y avait des maquettes en relief, et chaque section était représentée par un numéro placardé sur une casemate. On savait donc où se diriger. Mais les noms de lieux étaient factices. Pour moi, ce n'était pas plus compréhensible que de l'hébreu, finalement.

Dans la K Gun, j'étais avec le lieutenant Amaury, le sergent Coste, le lieutenant Hubert, Andriot... La troop d'Amaury a été partagée en deux sections : l'une commandée par le sergent Coste, l'autre par le sergent Paillet. La première était rattachée à la troop n° 8, l'autre à la troop n° 1. Toutes deux devaient les renforcer avec des mitrailleuses à tir rapide. Certains hommes avaient leur propre mitrailleuse et d'autres, comme moi, étaient des pourvoyeurs. Mais j'avais aussi un fusil. On devait tous être capables de viser à la K Gun, pour le cas où le tireur serait abattu.

Au camp de Titchfield, on attendait d'être embarqués. Et le 4 juin au soir, on nous a dit que c'était pour le lendemain, le 5. On est sortis dans le village avec la musique écossaise. Je m'en souviens bien parce qu'on nous avait donné un triangle jaune qu'on s'était mis autour du cou. C'était certainement pour les avions, au moment du débarquement, pour qu'ils aient un repère et qu'ils nous distinguent des troupes allemandes, quelque chose comme ça. On est donc sortis vers 4 heures de l'après-midi et on a fait rapidement demi-tour. On a pensé : « Merde, on retourne au camp. » Mais on ne nous a rien dit, on est rentrés et on a retrouvé nos lits pliants.

Le lendemain, pendant un petit briefing, on nous a annoncé que l'opération était pour le lendemain matin, le 6. Je me rappelle que les Anglais avaient préparé des tas de cartons avec des cigarettes, des gâteaux. Chacun pouvait prendre ce qu'il voulait, deux ou trois paquets, des cartouches. On ne réalisait toujours pas ce qu'on allait faire. On s'en est rendu compte quand on est arrivés devant les plages, qu'on a vu que ça canonnait de partout, que les gros navires ouvraient le feu, qu'il y avait des nuages de fumée… Pour ma part, j'ai commencé à réagir quand j'ai vu le colonel Dawson, le patron du Commando n° 4, couvert de sang, à Ouistreham, ou encore Lechaponnier, un de nos camarades, blessé par le tir d'une grenade, lui aussi en sang… Là, vous percutez, vous vous dites que ce n'est plus l'entraînement… Ce sont des scènes qu'on n'arrive pas à oublier, c'est impossible.

On a donc embarqué le 5 juin à côté de Portsmouth, à Warsash, directement à bord d'un LCI. J'étais sur la barge n° 527, détaché à la troop n° 1. On était serrés dedans, on était environ quatre-vingts. Toute la nuit, j'ai pensé. J'ai pensé à mon frère Joseph, pas à mes parents. Et à mes deux petits frères surtout. Je n'avais jamais donné de nouvelles à mes parents, ils en auraient plus tard, quand je serai en Hollande. Et puis je pensais à ce qu'on devait faire une fois sur la plage. On nous avait dit : « Faites-vous tuer après, mais pas avant. » Il nous fallait rejoindre une colonie de vacances qui avait été bombardée, c'était le point de repère, on devait tous arriver là. Mais pendant un débarquement, il ne faut pas croire que les choses se déroulent comme prévu.

Quand on vous tire dessus et que les obus arrivent de tous les côtés, vous commencez à être perdu. D'autant que quand je suis arrivé près du littoral, j'ai dû passer de la barge n° 527 à la barge n° 523, car les deux échelles avaient été démolies. En effet, notre bâtiment avait reçu un obus à l'avant, il avait explosé en détruisant les deux passerelles. C'est pour ça qu'aujourd'hui encore, on voit des photos avec des types qui veulent sauter des barges.

Des gars de chez nous se sont lancés à l'eau. Les Anglais ont alors rapproché les deux bateaux et j'ai pu sauter, mais j'ai mis du temps. Car auparavant, j'avais essayé de me protéger des tirs. Je m'étais abrité derrière un gros treuil qui servait à monter et à descendre les échelles. Je voyais des étincelles dessus, on me tirait dessus. Alors je me suis dit qu'il fallait descendre. D'autant que la barge commençait à reculer, car comme il n'y avait plus personne, les Anglais avaient reçu l'ordre de se retirer. J'ai donc sauté et j'ai eu de l'eau jusqu'au cou.

Je tenais mon fusil et les deux chargeurs. Il y avait des gerbes avec de la vase. Plus on approchait, plus je voyais de chevaux de frise et de fils barbelés. J'avais le pantalon tout déchiré, je culbutais, je n'arrivais plus à avancer... Ce sont les bérets verts devant moi qui m'ont donné le moral. J'ai pensé : « Merde ! Eux, ils sont passés. Pourquoi pas moi ? » Finalement, j'y suis arrivé. Malheureusement, ça n'a pas été le cas de tout le monde. Jean Masson, l'un de mes copains, a été touché directement en descendant de la barge. Il est resté seul trois jours sur la plage. Il a eu tout le bras arraché. Des Anglais l'ont regardé, mais ils l'ont cru mort. Et lui, dans son trou, il était conscient, à moitié dans le coma, il voyait les tanks descendre et rouler vers lui. Il n'a pas été secouru pendant trois jours !

On nous a débarqués avec une grande précision, juste en face de la colonie de vacances. Il s'agissait d'y laisser notre sac de 45 kilos environ. C'est là qu'on a essayé de reformer les sections et qu'on a commencé à distinguer les Allemands. Ils avaient aménagé des boyaux qui reliaient chaque casemate. On les voyait y entrer, on se méfiait. Toutes les sections sont parties les unes après les autres. Nous, on a pris la route de Lion vers notre objectif : le casino. Il fallait libérer Ouistreham à tout prix. Mais quand on est entrés dans la ville, un sniper m'a ajusté. Il m'a touché au flanc. Comme j'étais pourvoyeur de mitrailleuse, je transportais le gros chargeur de la K Gun. Il a explosé ! Les balles sifflaient dans tous les sens. D'instinct, je l'ai décroché. Je ne sais même pas comment j'ai fait. Mais j'ai reçu des projectiles dans la jambe, dans le pied… Je ne m'en suis pas aperçu tout de suite. C'est Andriot qui me l'a dit : « Rossey tu es touché ! Il y a du sang qui coule de ton pantalon ! » Je n'avais encore rien senti, c'est après que j'ai commencé à avoir mal.

On suivait le mouvement. On regardait tous à gauche, à droite, derrière, il fallait faire attention, essayer de ne pas se faire avoir en passant. Partout était écrit : « *Achtung Minen* », des fils barbelés, avec des grosses plaques à tête de mort… On ne savait pas si c'était vraiment des mines, mais on les a traversées. J'ai progressé comme ça dans Ouistreham, entouré de trois ou quatre gars. On n'était jamais seuls.

Devant le casino, on a commencé à prendre position. Mais on a vu tout de suite que les lieux avaient été sacrément fortifiés. Il s'agissait d'une grosse casemate, le blockhaus le plus important. C'était lui qu'il fallait détruire… On a essayé, mais on n'a pas pu. On avait déjà perdu le lieutenant Hubert en l'atteignant. Il avait été tué parce qu'il avait voulu prendre une mitrailleuse K Gun, la sienne s'étant enrayée. C'est là qu'il avait été touché par un sniper. Alors le lieutenant Amaury avait vite pris la décision de se replier : on ne pourrait jamais prendre le casino, on y passerait tous pour rien. Finalement, on est partis se protéger derrière un bâtiment de deux étages et on a attendu qu'un char arrive.

Et puis j'ai vu Kieffer sur le char, j'étais juste derrière lui… Apparemment, ce n'est pas lui qui l'aurait récupéré. D'autres disent que si, mais moi, je pense que c'est Géry qui est allé le chercher. Géry était un type d'1,60 mètre au maximum, très fin, avec une santé de fer. On aurait même pu croire qu'il était chétif, mais il ne fallait pas se fier aux apparences ! Je revois Kieffer sur cette route de Lion. Moi qui venais de Tunisie où il y a beaucoup d'eucalyptus, j'avais vu un saule pleureur en arrivant, mais j'avais cru que c'était un eucalyptus et je m'étais dit : « Merde ! Ils ont même des eucalyptus en France ! » Et Kieffer est passé sous cet arbre avec son char. Il donnait des ordres au tireur. Je me rappelle très bien qu'il avait deux hélices de chaque côté à l'arrière pour sortir de l'eau, et que nous, on courait derrière. Sans ce char, je pense que je ne serais pas là aujourd'hui. Parce qu'on était décidés à prendre ce casino coûte que coûte. J'aurais souhaité qu'il y ait des reporters pour filmer tout ça, j'aurais pu me revoir avec le béret…

Ce matin-là, le long de la route de Lion, j'ai aussi vu, dans un abri, sous une tôle ondulée, un homme caché avec ses deux petits enfants. Quand on lui a dit qui on était, il nous a répondu : « Non, non, vous n'êtes pas des Français ! » Il avait pris peur, parce qu'il pensait certainement que c'était un piège. « Mais, non, on est Français ! » Ils étaient un peu surpris, ils se méfiaient. À part ces personnes, j'ai rencontré très peu de civils à Ouistreham, peut-être trois ou quatre, qui se sont manifestés, dont ce monsieur Lefèvre, un type avec de grandes moustaches qui voulait nous aider.

L'opération du casino s'est terminée vers 11 heures. Cela marquait la fin de nos agissements à Ouistreham. On s'est regroupés à nouveau dans l'ancienne colonie de vacances, et c'est là que j'ai vu Lechaponnier qui était arrivé avant nous… Son sang coulait, le pauvre. Il avait reçu des petits éclats, rien de bien méchant, mais sa figure était touchée et il saignait abondamment… Puis le colonel Dawson nous a dit : « Vous avez fait du bon travail, les Français ! » Il était très content, et nous, on était rassurés. On s'est dit qu'au moins, on avait peut-être accompli quelque chose de bien !

Avant de partir, on a fait un état des pertes, des blessés, on a cherché à voir qui manquait. Le Moigne n'était plus là, Peters non plus. Je ne me rappelle plus très bien, c'est loin. Puis on a repris nos sacs et on a progressé jusqu'à Pegasus Bridge. Mais avant d'arriver à Bénouville, il a fallu traverser Saint-Aubin-d'Arquenay et essuyer des tirs sporadiques de snipers. C'est à cette occasion que le lieutenant Amaury a été touché, il a eu le poignet cassé et a dû être évacué. Si je ne me trompe pas, le sergent Coste a alors pris le commandement de la section K Gun.

À Bénouville, on a fait la jonction avec les parachutistes de la 6e division aéroportée, avec le major

Howard et le général Gale. Les parachutistes étaient là, ils attendaient la relève du Commando n° 4. Quand on est arrivés à Amfreville, le Commando n° 6 britannique était déjà arrivé, ainsi que le Commando n° 3. J'ai traversé le pont de Bénouville sous les fumigènes. Les Allemands tiraient de chaque côté, mais grâce à l'écran de fumée, on a pu passer. Il n'y a pas eu de morts à ma connaissance. On l'a franchi tranquillement, en courant. On entendait des rafales auxquelles on ne répondait pas.

C'est seulement en arrivant à Amfreville qu'on a commencé à réagir. Comme la nuit commençait à tomber, les Anglais nous ont donné l'ordre de creuser des petites tranchées, juste assez profondes pour se mettre à l'abri. On avait toujours ordre de ne pas tirer pour ne pas révéler nos positions. Et on est restés là. Cette première nuit à Amfreville, j'ai dit à mes copains que c'était la première nuit que je passais en France ! Je me suis installé près d'un arbre, mais en réalité, on n'a pas du tout dormi car on était toujours en état d'alerte. Les Allemands lançaient sans arrêt des fusées éclairantes, et on entendait les chars rouler.

Sur place, on n'a vu personne. Je patrouillais autour de l'église, on se méfiait de tout, il pouvait y avoir des tireurs embusqués dans les maisons, dans l'église. On était des cibles parfaites. On prenait surtout garde aux haies. Pendant une ronde, avant d'en traverser une, le commandant de la section envoyait un ou deux gars devant, puis on restait dix minutes à attendre pour voir si personne ne se manifestait.

Puis une nuit, en patrouillant, on a pénétré les lignes allemandes. On s'est présentés dans la cour d'une ferme sur la porte de laquelle se trouvait encore un parachute. On voulait s'y introduire parce que notre mission consistait notamment à fouiller les maisons par surprise. On nous avait appris à évoluer en douceur, en silence. Alors on est entrés… Tout d'un coup, les Allemands ont ouvert le feu avec des mortiers. Nous, dans notre cour, on ne savait plus quoi faire ! Heureusement, le lieutenant Chausse était avec nous. Il nous a fait sortir par-derrière, je ne sais plus trop comment, par une fenêtre. On a pu se dégager. Sans cela, on y serait tous restés !

À partir du 10 juin 1944, on a vraiment commencé à souffrir. On se trouvait entre Bréville et Amfreville. Les Allemands se regroupaient, l'effet de surprise n'avait pas duré. D'après les renseignements que nous donnaient les prisonniers, ils voulaient vraiment nous foutre à la mer. Ce n'était donc pas fini et on se demandait ce qui allait se passer. Heureusement, on avait reçu des renforts de blindés, des chenillettes. On était donc un peu rassurés avec toute cette mécanique. La journée de la veille et jusque dans la nuit, il était tombé une flotte terrible. On était au milieu de l'eau, dans nos tranchées, et on attendait. Tout était calme… Puis d'un seul coup, ils ont commencé, le 10 au matin, vers 9 heures jusqu'à 11 heures environ. Deux heures de tir d'artillerie, on ne savait plus où se mettre ! Ça craquait de partout dans les arbres. Les Shrapnel[1] arrivaient à 1 mètre du sol et explosaient. Alors on nous a demandé de mettre des casques. La plupart d'entre nous avaient viré le leur. Je ne me rappelle pas avoir pris le mien. J'avais toujours mon béret. Et puis après les bombardements,

1. Le Schrapnel est un obus qui, quand il explose, libère avant même de toucher le sol les balles de plomb qu'il contient.

il y a eu la contre-attaque allemande, on entendait le bruit des chenilles. Est-ce que c'étaient des autocanons ? des chars ? Toujours est-il qu'ils ont été arrêtés par le Commando n° 3, juste à la lisière d'un bois. Les Allemands ont peut-être senti qu'il y avait autre chose derrière car ils se sont retirés. Puis tout s'est de nouveau calmé dans la nuit.

Ensuite, on a progressé en suivant les Anglais, vers Bréville, avant de redescendre un peu plus bas devant le bois de Bavent. Là aussi, il y a eu des tirs terribles après lesquels on est entrés dans le petit village. Des snipers étaient encore embusqués dans la poste. Je crois que ce sont les Anglais qui les ont délogés, parce que nous, on avait ordre de continuer, de ne pas s'arrêter à ça. On a donc quitté Bavent et on est entrés dans un grand château où on a passé une ou deux nuits, je crois. De là, on est repartis vers une ferme. Les Allemands étaient un peu plus bas. Quand ils nous ont vus, ils ont commencé à nous canarder avec leur canon de 77. On avait fait des trous mais on voyait qu'ils se rapprochaient dangereusement. Alors on a reculé et on a marché toute une nuit, jusqu'à la ferme de l'Épine. À ce moment-là, c'était le lieutenant Chausse qui commandait.

On était partis le soir et on avait suivi une ligne de chemin de fer jusqu'à 3 ou 4 heures du matin. Les Allemands s'étaient installés sous des pommiers, ils avaient laissé leurs mortiers, leurs couches étaient encore chaudes, leurs positions intactes. Ils étaient tout près ! Pour les déloger, on a fait appel aux Canadiens qui avaient de l'artillerie. Ils ont commencé à pilonner, mais ils nous ont tiré dessus : au lieu de tomber vers l'avant, leurs obus s'abattaient sur l'arrière. On s'était positionnés sur un talus et on voyait l'artillerie se rapprocher. Alors on s'est dit qu'ils allaient nous toucher. Heureusement, ils ont rectifié leur tir et, vers 6 ou 7 heures du matin, on a attaqué avec deux mitrailleuses K Gun. Les pauvres Allemands ! Certains étaient touchés au ventre, d'autres au pied, au genou… Tous criaient : « *Doktor, doktor !* » Mais les Anglais n'avaient pas de médecin.

J'ai alors assisté à une scène qui m'a marqué : j'ai vu un officier allemand touché par un tir de K Gun. Il était entièrement ouvert, et il arrivait encore à réciter des poèmes. Je ne comprenais pas, mais quelque chose était en train de se passer. Des types étaient couchés à 5 ou 6 mètres de là, et ils demandaient « *Doktor, doktor !* ». Tous étaient blessés. Ça m'a fait quelque chose, c'étaient des hommes. Ça se passait dans le bois de l'Épine.

Pour nous, la ferme de l'Épine, ça a été la fin. Ce sont nos derniers combats. On est rentrés dans Beuzeville les derniers jours d'août. Je ne me rappelle même pas avoir fêté mes 18 ans. C'est après que j'ai commencé à me dire : « Putain ! J'ai eu 18 ans à Beuzeville. »

Après, ils nous ont rappelés, et on est rentrés en Angleterre début septembre, au camp de Petworth, par le port d'Arromanches. J'y suis allé deux fois. La seconde, c'était au cours de ma permission. Car je suis revenu à Beuzeville en septembre 1944 avec un copain, Monceau, passer sept ou huit jours chez les gens qui tenaient le café sur la place. J'avais sympathisé avec eux un soir où ils m'avaient invité dans une ferme pour me faire manger du bon beurre. En Tunisie, il n'y avait pas de beurre, que de l'huile. Alors ça m'a marqué ! Monceau, lui, avait connu une jeune fille à Honfleur.

À cette occasion, mes hôtes m'ont transporté avec leur propre voiture au port d'Arromanches. Et puis après la guerre, je suis retourné dans le coin mais les gens que j'interrogeais ne se rappelaient rien.

Une fois revenus à Petworth, nous avons reçu des tenues propres. Les unités ont été remaniées, j'ai rejoint la troop n° 1. Je n'étais plus à la section K Gun. Elle n'existait d'ailleurs plus. Puis on nous a annoncé qu'on partait en Belgique pour participer à une nouvelle opération. Les Alliés avaient réussi à prendre le port d'Anvers mais les bateaux ne pouvaient pas encore y entrer. Ils avaient même envoyé l'aviation, mais celle-ci n'avait pas pu dégager le canal de l'Escaut qui passait par la ville. Ils avaient donc décidé d'entreprendre un raid amphibie, une opération de commando, sur Flessingue, en Hollande.

Entretien réalisé le 14 novembre 2001.

Albert Le Rigoleur
22 ans le 6 juin 1944

Albert Le Rigoleur

(1921-2009)

Albert Le Rigoleur est né le 25 octobre 1921 à Plancoët. Dernier enfant d'une famille nombreuse, il effectue après son certificat d'études de nombreux petits emplois, avant de s'engager dans la marine à Brest, en octobre 1939, pour « se faire une situation ». Il entreprend sa scolarité à Toulon puis à Lorient, à l'École des timoniers, et enfin à l'École des fusiliers marins en 1940. Il embarque pour la Martinique sur le *Béarn*, où il sert du 1er janvier 1941 au 1er mai 1942, puis sur l'*Émile-Bertin* du 1er mai 1942 au 6 mai 1943.

Albert Le Rigoleur fait alors le choix de l'évasion pour rejoindre de Gaulle et la France libre. Il se décide lors d'un passage à la Dominique où il signe son acte d'engagement en mai 1943. Rapatrié à New York en août 1943, il est pris en charge par les autorités de la France libre.

Il gagne alors Londres et la caserne Surcouf le 16 septembre 1943. Conduit au camp de Bir-Hakeim près de Portsmouth, il s'engage chez les commandos à la venue de Francis Vourc'h, au sein de la troop n° 8.

*

À la suite de la campagne de Normandie, Albert Le Rigoleur participe à la celles de Hollande et d'Allemagne. Démobilisé après la guerre, il revient s'installer en Bretagne en 1946. Il se réengage alors dans la marine en 1948, au sein du Commando de Penfentenyo, à Cherbourg, sur le *Richelieu*. Il séjourne ensuite en Indochine en 1951 et 1952, puis au centre Siroco, à Alger, de 1953 à 1958.

C'est ensuite pour lui le retour à la vie civile. Il fait un crochet par Longwy où il travaille dans une usine électrique avant d'arriver à Châtelaudren en 1968, pour y tenir avec son épouse le Restaurant de la gare jusqu'en 1983.

Albert Le Rigoleur est décédé le 9 avril 2009 à Guingamp. Il a été inhumé à Plouagat.

C'est là que j'ai tué mon premier Allemand

Dans le camp de Titchfield où on était tenus au secret, on nous a fait voir des maquettes. Il n'y avait pas de noms, les renseignements restaient vagues. Mais on savait qu'on allait débarquer en France. Je n'avais gardé aucun contact avec ma famille depuis que j'étais parti. Je pensais quand même à retourner au pays. Mais retrouver les miens avec tous ces bombardements… je n'étais pas sûr. On ne savait pas du tout que Brest avait été bombardé par exemple. On n'avait aucun renseignement à ce sujet. C'était peut-être une précaution qu'ils prenaient pour ne pas nous donner le cafard, parce que chez nous, il y avait quelques Brestois. On ne se rendait même pas compte, personne ne nous disait rien.

On a embarqué le 5 juin au soir pour traverser la Manche. Je passais le temps à somnoler, on était dans les cales, il n'y avait pas de couchettes, rien. On ne pensait pas à grand-chose. On était confiants parce qu'on avait déjà fait des exercices de débarquement à Seaford, toujours sur ce type de barge. Dans nos sacs, on avait des vivres, des réserves de munitions, pour nous et pour les mitrailleuses. Ça devait peser dans les 45 kilos ! Il faudrait se trimballer avec ça jusqu'à Amfreville, à plat ventre à certains moments. On avançait dans la nuit, mais on ne voyait rien de l'armada qui progressait tous feux éteints. Autrement, ça aurait été un carnage. On savait à peu près où on allait, on connaissait notre objectif : le casino avec le canon.

Sitôt qu'on a touché terre, on s'est mis à courir comme prévu, par groupes, pas en pagaille. Et puis a fallu se mettre tout de suite à l'abri. Il n'y a pas eu beaucoup de blessés chez nous. On a pu débarquer plus facilement que les gars de la troop n° 1 qui ont été obligés de faire marche arrière pour revenir sur notre gauche. On avait reçu l'ordre de ne pas ramasser les blessés sur la plage. Ce n'était pas pour autant chacun pour soi, on pouvait aider un copain s'il était touché, lui mettre un pansement. Mais on avait autre chose à faire : guetter pour voir si les Allemands ne progressaient pas vers nous.

Le point de rassemblement en haut de la plage, c'était les ruines d'une colonie de vacances. Certains se dirigeaient vers cet endroit, mais nous, avec le chef de groupe, on a déposé les sacs dans un hangar puis on est partis à Ouistreham. Des barbelés et une mitrailleuse nous empêchaient de passer mais heureusement, le gars a tiré un peu trop à gauche et on n'a pas eu de blessés. Alors on s'est mis à l'abri, on est montés en haut d'une maison en construction et on a ouvert le feu par les fenêtres. Notre chef de groupe, c'était Messanot, dit « Biscuit ». Il en savait plus que nous. Nous, on suivait. La baraque donnait sur le casino d'un côté, et sur Ouistreham de l'autre. C'est là que j'ai tué mon premier Allemand. En bas. Puis un autre est arrivé. Je ne savais pas si je l'avais blessé, mais il s'est plié en deux. On a perdu un peu de temps parce qu'il fallait guetter à gauche, devant, faire attention qu'ils ne viennent pas par-derrière pour nous encercler. Ça n'a pas été terrible pour moi.

Nous nous sommes ensuite retrouvés dans un grand château, une maison bourgeoise dans l'ancien temps. Là, on est restés à l'abri une bonne demi-heure. Il faut dire que le colonel Dawson et le commandant Kieffer étaient blessés. Après, on a fait la grande marche. On est partis à travers la nature, on n'avait pas le temps de regarder les bornes kilométriques. On a traversé Saint-Aubin-d'Arquenay, puis on est arrivés à Bénouville. On a été surpris de voir tous ces planeurs ! L'un d'eux était même tombé dans l'Orne. Il nous fallait monter vers Amfreville, mais le village n'était pas encore totalement libéré. Quand on est arrivés, on a bien vu l'emplacement de la mitrailleuse allemande mais on l'a aussitôt oubliée parce qu'on a entendu des habitants derrière une sorte de mur, un tas de fagots. On leur a dit de sortir de là. Il y avait un homme, une femme et un ou deux gosses. Ils étaient un peu étonnés de nous voir en tenue étrangère, mais on a été bien accueillis.

On aurait pu rester là des jours. Mais j'ai été touché le 8 juin, juste avant la contre-attaque allemande, par un éclat d'obus. Alors on m'a évacué à Luc-sur-Mer où se trouvait un camp, un hôpital. J'y suis resté presque deux jours avant d'être rapatrié le 10 juin en Angleterre, dans une barge, avec d'autres blessés. Il n'y avait pas tellement de place là-dessus. Heureusement que je pouvais marcher, me déplacer. Je n'étais pas trop gêné.

En Angleterre, on nous a fait débarquer puis monter dans des camions. On a pris le train. Les Anglais évacuaient tous les blessés et les envoyaient loin à l'arrière, dans les terres. C'est comme ça que je suis arrivé à Sheffield. Je me demandais bien ce que je foutais là ! J'ai eu de la chance parce que j'ai rencontré un Canadien qui parlait aussi bien le français que l'anglais. Alors il me servait d'interprète quand le toubib passait.

Une fois rétabli et après avoir refait un peu d'entraînement et de tir, j'ai rejoint les autres commandos dans le bois de Bavent au mois d'août 1944. Sur place, j'ai retrouvé la troop n° 8. J'ai tout de suite pris un poste de garde dans les lignes. On avait un téléphone et on était à 4 ou 500 mètres devant les autres, deux par deux pendant des heures. On attendait que ça se passe.

Après, on a filé à Beuzeville où on a rencontré des résistants. Il y avait un réseau. C'est là que j'ai vu une résistante dont les cheveux avaient été tondus. Ça m'a choqué.

Enfin, ça a été le retour en Angleterre par le port d'Arromanches, puis l'installation au camp de Petworth. J'ai eu huit jours de permission que j'ai passés en Angleterre.

Entretien réalisé le 23 octobre 2002.

Hubert Faure
30 ans le 6 juin 1944

Hubert Faure

(1914-2021)

Hubert Faure est né le 28 mai 1914 à Saint-Astier, en Dordogne. Pupille de la Nation, il reçoit après la Première Guerre mondiale une éducation jésuite fondée sur le patriotisme. Il s'engage à 20 ans dans la cavalerie puis intègre un régiment de dragons à Pontoise. Il devient rapidement instructeur à Paris.

À la déclaration de guerre en 1939, Hubert Faure est mobilisé dans un régiment de cavalerie et devient chef de section d'un escadron motocycliste. Il prend part aux combats sur la frontière luxembourgeoise, derrière la ligne Maginot, au sein d'éléments motorisés, puis aux combats sur l'Aisne et sur les côtes de Meuse. Capturé à la fin du mois de juin 1940, il parvient, au cours de son acheminement vers l'Allemagne, à s'échapper avec quelques camarades dans les environs de Toul.

Quelques jours plus tard, il réussit à franchir la ligne de démarcation avec l'aide d'un passeur, puis depuis Lyon, il regagne en train la région de Périgueux, en zone non occupée, où il retrouve l'armée d'armistice et ses anciens camarades. Affecté à l'état-major de la région militaire avec, parallèlement, un poste civil, il prend part aux actions de camouflage du matériel et de mobilisation clandestine jusqu'en novembre 1942.

À partir du débarquement allié en Afrique du Nord, l'état-major se disloque. Avec quelques camarades, Hubert Faure décide alors de quitter la France pour gagner les FFL et l'Angleterre. En décembre 1942, il parvient à passer la frontière espagnole mais il est fait prisonnier dans la région de Bilbao. Après un séjour de quatre mois en prison et en divers lieux d'internement à Pampelune, il est conduit, en avril 1943, au camp de Molinar de Carranza (région de Bilbao). Il réussit à s'en échapper le 15 mai 1943 en compagnie d'un camarade. Ce dernier est repris au début de l'évasion et Hubert Faure doit filer seul. Après quinze jours de cavale à travers l'Espagne franquiste, il passe la frontière avec le Portugal. Pris en charge par un représentant de l'organisation anglaise d'évasion, il est mis dans un train pour Porto, dernière escale avant Lisbonne. Sans papier, il est arrêté au cours de son voyage en train, interrogé puis interné à la prison Cadera de Ajubre. Repéré par un représentant de la France libre puis par le consulat, il est finalement relâché au bout d'une semaine et s'envole depuis Lisbonne pour l'Angleterre.

Arrivé à Bristol, Hubert Faure est transféré à Londres et interné à Patriotic School, le centre de tri pour les étrangers arrivant sur le territoire britannique. Libéré dix jours plus tard, il est affecté au camp de Camberley dont il est nommé adjudant durant deux mois. Hésitant entre les parachutistes et les commandos, il préfère signer, fin juin 1943, son acte d'engagement dans la France libre et dans les commandos de Kieffer, qu'il connaît mieux. C'est là qu'il fait la rencontre du lieutenant Amaury déjà à l'entraînement avec une trentaine de volontaires. Il participe avec lui au recrutement avant de partir en stage commando à Wrexham, au pays de Galles, durant cinq semaines.

*

Hubert Faure ne participe pas à l'assaut de Flessingue en raison d'une blessure à la colonne vertébrale. Il retrouve néanmoins son unité aux Pays-Bas à l'occasion de celui sur l'île de Schouwen. Son état de santé ne lui permet pas de poursuivre avec ses camarades. Hospitalisé à Rouen, il part en convalescence en Dordogne pour trois mois.

Il reprend ses études à la fin de la guerre avant d'entamer une carrière dans les travaux publics, qui le conduit notamment en Afrique.

Hubert Faure est décédé à Paris le 17 avril 2021.

Toujours sur le qui-vive, je ne dormais plus

Nous sommes descendus vers le sud de l'Angleterre, à Eastbourne. C'est un peu dommage car avec Amaury, on avait formé un groupe très homogène avec des types qui se connaissaient tous. Et quand nous sommes arrivés à Eastbourne, on les a répartis un peu partout. La troupe d'Amaury a été ventilée entre la troop n° 1 et la troop n° 8, et le reste a contribué à former la section de mitrailleuses K Gun. Je suis parti à la troop n° 1 dont j'ai pris le commandement d'une des sections. Pinelli était à la tête de la 1re, et moi de la

2e. On est restés là tout l'hiver 1944 et on s'est entraînés jusqu'au mois de mai. On a commencé à voir que le Débarquement se précisait, on apercevait de plus en plus d'avions dans le ciel. Après Eastbourne, nous sommes allés à Bexhill. On avait reçu les appareils radio et, par groupes, on parlait dedans pour faire croire des choses aux Allemands : on faisait de l'intoxication.

On a toujours été bien reçus par les habitants qui nous logeaient et nous considéraient comme de la famille. On sortait beaucoup avec Bagot, de Montlaur, Lanternier et Lardennois, un type très bien. Ce n'était pas son vrai nom, il était israélite. Il y avait aussi Guyader et Bouilly, qui avait auparavant fait les convois de Mourmansk.

On s'entraînait tous les jours à Bexhill : beaucoup de tir, d'étude des explosifs… on sentait que c'était pour bientôt. Les gars s'impatientaient, mais on ne savait pas où ça se passerait. Déjà, au mois d'octobre 1943, les types avaient été sur le point de partir en Yougoslavie, et puis ça ne s'était pas fait. On a été affectés au Commando n° 4 du colonel Dawson, un type formidable. Il parlait très bien le français ; il faut dire que sa mère était française et qu'il connaissait donc très bien l'esprit français. Tous les jours, on s'entraînait au moins cinq heures à débarquer et à embarquer. Les officiers comme moi, on a même passé une nuit sur des barges pour se familiariser avec ce type de navires et mieux se connaître. Les types que je commandais étaient plus ou moins impatients. L'entraînement dur les calmait un peu.

Le 25 mai 1944, on a touché des tenues et du matériel neufs. Et on est partis le lendemain, par le train, vers Portsmouth. On a passé la soirée dans les pubs, comme il se doit. Mais quand on est rentrés au camp de Titchfield, c'était terminé ! Là-bas, on était consignés, on ne sortait plus. On était enfermés par une double enceinte : une première qui nous permettait encore d'avoir des contacts avec l'extérieur et une seconde qui ne nous le permettait plus du tout.

À partir de ce moment-là, on a eu accès à tous les plans et à toutes les cartes d'état-major dont les noms avaient été changés. Celui qui a reconnu immédiatement les lieux, c'est Bagot, il avait travaillé au service hydrographique de la marine. On lui a demandé de ne rien dire. On avait aussi les photos aériennes, les comptes rendus de la Résistance sur l'emplacement des batteries et des blockhaus… Et tout était fait pour que nous gardions le moral. Le matin, on avait le briefing des officiers, et l'après-midi, chacun d'eux recevait sa section ou son unité le temps d'une réunion. Ce débarquement en Normandie est quand même vite devenu un secret de polichinelle. Mais la rumeur ne pouvait pas franchir les limites du camp. Et les sentinelles avaient ordre de tirer sur ceux qui sortiraient ! On n'a pratiquement pas vu un seul avion allemand. Par contre, jour et nuit, on entendait le roulement des chars qui se préparaient à embarquer. Ça a duré plus de dix jours. Le seul à avoir quitté les lieux pour une réunion d'état-major, c'est Kieffer. Il a pu faire prévenir l'amiral d'Argenlieu qui a averti à son tour de Gaulle. Les Anglais n'avaient pas une très grande confiance dans les Français, quand même.

Quand on a reçu notre matériel, on nous a aussi donné la monnaie d'occupation et une carte de l'AMGOT[1] qui nous permettrait de prendre le commandement des civils une fois sur place. On a su le 4 qu'on débarquerait, non pas le 5 comme prévu, mais vingt-quatre heures plus tard, car le temps était vraiment mauvais. Les troupes d'assaut comme la nôtre devaient se préparer au dernier moment pour ne pas être trop fatiguées.

Le 5 juin, vers 5 ou 6 heures du soir, on est partis en camion vers le port. On a pris place à bord de la barge n° 527. Il y avait Kieffer, Vourc'h, Pinelli, Mazéas et Hattu. On a tous passé la nuit en compagnie du commandant du bateau, à boire du whisky, naturellement ; très protestant, il nous lisait des passages de la Bible... On parlait tous ensemble, notamment avec Kieffer. Quant à nos gars, ils étaient malades car ils avaient été installés à fond de cale. Moi, j'allais plutôt bien. Je suis allé les voir deux ou trois fois. Ce n'était pas merveilleux. C'est pour ça que dans la nuit, ceux qui le voulaient ont été autorisés à monter sur le pont. En réalité, j'étais un peu inquiet de les voir dans cet état. Il y a une chose curieuse : les types qui se sont fait abattre en arrivant, on aurait presque pu les désigner à

1. Afin d'assurer l'administration des territoires libérés ou occupés par leurs forces armées, les Alliés avaient élaboré la mise en place d'une administration militaire dans les territoires occupés (AMGOT), en Europe comme en Asie. Ce système devait assurer la sécurité des lignes de communication, le ravitaillement des armées et la gestion des affaires courantes. Concernant la France, le Gouvernement provisoire de la République française n'avait pas été consulté. De Gaulle s'opposa à ce projet d'ingérence dans les affaires françaises en faisant nommer, dès juin 1944, des commissaires de la République, empêchant ainsi la mise en application de l'AMGOT. Washington accepta finalement le 11 juillet 1944 le rétablissement de l'administration française sous la houlette des comités départementaux de la Libération.

l'avance. Ils n'avaient pas peur mais ils disaient : « Ce n'est pas possible, on n'y arrivera pas... »

Quand on a quitté le port, il y avait des milliers de navires : le canal qui va jusqu'à Portsmouth était couvert de bâtiments de toutes sortes. Et tous ces types embarqués depuis trois ou quatre jours nous ont acclamés quand on est passés devant eux avec nos bérets verts. C'était formidable. Des bouées éclairaient tout le long du parcours, et un chenal avait été dragué. Au début, on voyait pas mal de bateaux, et plus le temps passait, moins il y avait de monde : on les avait doublés. Vers 2 ou 3 heures du matin, on a vu apparaître les avions.

Puis on est arrivés en vue des côtes. Alors les avions sont venus bombarder le littoral. On n'était plus tout seuls sur l'eau : tout autour de nous, ça tirait tant que ça pouvait ! On était sur des barges, mais le reste du Commando se trouvait sur un transport de troupes et devait descendre par des échelles. Puis on a dépassé des barges de transport de chars. Arrivés à la plage, on a vu un torpilleur polonais coupé en deux par une mine à l'entrée de l'estuaire de l'Orne. À la jumelle, on distinguait les types qui couraient sur le pont...

Nous n'étions pas les premiers à débarquer sur la plage, car cinq minutes avant nous, le génie d'assaut du East Yorkshire Regiment devait creuser des chenaux dans les champs de mines avec ses chars spéciaux. En réalité, notre bateau était le dernier de tout le Débarquement allié. Après nous, au-delà de l'Orne, il n'y avait plus rien. Ça tirait de tous côtés sur notre navire. Il a d'ailleurs été touché au moment où on mettait les rampes à l'eau. Le commandant n'a pas pu sortir tout le monde. Alors ils sont descendus plus loin, près de la barge n° 523. Sur la nôtre, des types ont été touchés. Comme on ne pouvait plus passer, on a sauté à la mer. Pour ma part, j'ai eu beaucoup de chance : un obus a éclaté juste entre Lardennois et moi. À ce moment-là, j'avais la tête sous l'eau. Quand je l'ai relevée, j'étais complètement sonné, je saignais du nez... J'ai d'abord cru avoir été blessé parce que j'avais les poumons comme du bois à cause de l'explosion... Ça m'a quand même beaucoup handicapé.

Puis on est arrivés sur le sable. Les gars de Laventure, mon meilleur chef de groupe, ont été soufflés par plusieurs obus. Sur les douze, trois sont morts et de nombreux ont été blessés, dont Vourc'h et Pinelli, à côté. Comme je passais près de lui, Vourc'h m'a donné ses cartes et m'a dit d'y aller. J'ai donc traversé la plage. Il y avait un blockhaus à 50 mètres. Tous les chars du Yorkshire Regiment débarqué avant nous étaient en flammes. On s'est alors positionnés en batterie et on a tiré dans les ouvertures du blockhaus. Il faut savoir qu'une balle qui entre dedans peut tourner tout autour, à l'intérieur. C'est pourquoi on visait les ouvertures. Pendant ce temps, les hommes qui avaient les charges explosives sont passés par-derrière et ont attaqué au lance-flammes. On a donc eu ce blockhaus tout de suite, ce qui a soulagé ceux qui arrivaient derrière.

En haut de la plage, on s'est regroupés dans une ancienne colonie de vacances. Mazéas était encore là, Kieffer et Dawson aussi. Ils ont voulu lancer une reconnaissance sur notre point de départ à un carrefour. Mais un tir de mortier très fourni a blessé le colonel Dawson à la tête, Kieffer à la cuisse, et Mazéas au bras. Alors Kieffer m'a dit : « Il faut y aller ! » Il n'y avait plus d'autre officier valide que moi, et encore, je n'étais pas notoirement officier, car si on m'avait proposé de l'être à mon arrivée au camp de Camberley, j'avais été nommé en décembre 1943, mais je ne l'ai appris que quatre ans plus tard.

Laventure et d'autres sous-officiers avaient été mis hors de combat. Il était devenu très difficile de continuer. Je suis alors parti avec ceux qui me suivaient. Avec de Montlaur, on avait décidé qu'il resterait en serre-file pour pousser tous les gars vers le casino. Il devait commander la 1re section de la troop n° 1, et Lardennois la 2e, car Pinelli avait été blessé. Comme on ne pouvait pas passer par le carrefour qui était toujours battu par des mortiers, on a fait le tour par les jardins et les villas. Au bout de quelques mètres, j'ai vu qu'il y avait des monticules de sable en quinconce : c'était des mines. On a donc fait marche arrière en repassant bien dans nos traces, et on s'est dégagés. Profitant d'une accalmie sur le croisement, on l'a traversé en courant et on a suivi la grande avenue avant de bifurquer avenue Pasteur, vers le casino. À chaque fois qu'on passait devant les rues transversales qui menaient vers la plage, on ramassait une rafale. On n'a pourtant pas eu de pertes à ce moment. Les civils, qui s'étaient cachés, commençaient à sortir en criant : « Les Tommies, les Tommies ! » Et ils étaient très étonnés de voir que nous étions français. Certains avaient même préparé des bouteilles. Je cherchais à avoir des renseignements sur les Allemands dans le secteur. Personne ne savait rien. On a bien trouvé un type de l'organisation Todt, mais sans résultat.

On a donc continué comme ça le long d'une ligne de tramway. Je ne m'arrêtais pas, je savais qu'il fallait faire vite. Un peu plus loin, dans un abri, on a rencontré monsieur Lefèvre, un type qui n'avait pas peur et qui a demandé à nous accompagner. Il est d'ailleurs le seul à nous avoir fourni des informations utiles, car avec tous les autres, on perdait notre temps. Bien qu'on n'ait pas tellement le droit d'embarquer des civils, on l'a emmené, pour aller plus vite. Je lui ai indiqué qu'il risquait gros en nous accompagnant, qu'il pouvait être fusillé par les Allemands. Mais il n'y en avait visiblement pas dans le secteur. Je lui ai alors donné une arme et on est arrivés à quatre ou cinq seulement devant le casino.

Les autres suivaient. Faute d'encadrement, beaucoup avaient en effet été retardés par les civils qui les arrêtaient sur leur passage. C'était un peu normal... On a eu bien du mal à se rassembler, car on avait aussi une autre mission : aller reconnaître le secteur du port et des écluses pour que les bateaux alliés puissent l'utiliser. Comme il était un ancien des travaux publics, Lardennois a été chargé de cette tâche. Il est parti. Les Boches n'étaient pas loin et quand il est revenu, ça a été pour nous dire que le port n'était pas utilisable en l'état.

Au-dessus du casino, on a vu une estacade avec quatre mitrailleuses françaises de 13,2 à 15 ou 20 mètres de hauteur. On a alors envoyé quelques rafales et tous les types sont descendus en vitesse pour se planquer un peu plus loin. Ensuite, nos gars sont arrivés par petits paquets. Ce qui nous embêtait le plus sur le toit du casino, c'était un canon de 37 et un autre de 75, français tous les deux. On a essayé de les avoir, mais sans succès. En tant que tireur d'élite, Renault était au fusil à lunette ; il appartenait au PC du commandant. Une espèce de garage qui donnait sur la plage était recouvert par un toit de tôle, le tout à 3 mètres de hauteur. De là, on pouvait avoir une vue sur le casino. J'ai donc chargé Renault de se mettre en position dessus pour trouver le bon angle et avoir le tireur. Il est monté. Malheureusement, il a loupé le gars au premier coup. Mais le type en face ne l'a pas raté. Renault est mort sur place.

Comme on avait trois projectiles antichars, on en a envoyé un, mais ça n'a pas été très concluant. Puisqu'il ne nous en restait que deux, on a préféré les garder et on n'a pas réussi à avoir le canon. Le long de cette route littorale, il y avait un fossé antichar de 4 mètres de profondeur qui était très abrupt. Des immeubles surplombaient la villa où l'on se trouvait en bordure du casino. Depuis l'intérieur, des Allemands nous tiraient dessus. C'est là que le petit Rollin a pris une balle dans la tête. Le docteur Lion venait d'arriver, il était à 20 ou 30 mètres de moi. Je lui ai crié que Rollin venait d'être touché et il est parti le voir. Lion aurait dû le sortir tout de suite et ne pas rester dans le champ du sniper pour le soigner. Il a reçu lui-même un projectile dans les reins et a été tué sur le coup.

C'est avec Bolloré que je les ai dégagés tous les deux. Comme la cervelle sortait de la blessure de Rollin, j'ai cru qu'il était mort, mais ce n'était pas le cas. On s'en est aperçu au moment de repartir. Comme on avait d'autres blessés, j'ai fait appeler des types du service de santé du régiment pour aider Bolloré. Kieffer, qui avait été soigné par des bonnes sœurs dans un poste de défense passive, m'avait indiqué où se trouvait celui-ci. Les Anglais y ont donc conduit

Rollin. Il remuait encore un peu, mais il est mort peu de temps après[2].

Avec les armes qu'on avait, l'assaut du casino a été compliqué. Et comme on n'avait plus de communication radio depuis qu'on avait débarqué, on fonctionnait avec des agents de liaison comme Chauvet, Bouilly ou Goujon, à tour de rôle. Quand Lanternier est arrivé avec une partie de la section de Pinelli, je l'ai envoyé nettoyer en face. Là, il a fait des prisonniers : les types de la DCA et certains hommes du casino. Au retour, ils ne sont pas repassés de notre côté, mais par l'intérieur, ce qui était une erreur.

J'avais un petit carnet dont j'arrachais des feuilles pour envoyer des notes à Kieffer afin qu'il essaye d'avoir un char et d'attaquer le casino. Car on en entendait qui passaient tout près : ils se rendaient dans le bourg de Ouistreham. Kieffer est donc arrivé, et il a très bien vu ce qui se passait. On a parlé rapidement et il est reparti. Ces blindés ne nous appartenaient pas mais il s'est bien débrouillé car il est revenu avec l'un d'eux, qui a immédiatement envoyé en l'air le canon de 37, puis ceux de 75. Mais Kieffer n'a pas été très prudent. Depuis l'arrière de la tourelle du char, il dirigeait lui-même le tir. Moi, j'étais à côté et je l'engueulais. Il a pris un éclat pour la deuxième fois. Le véhicule tirait à 50 mètres, ce qui nous a permis de faire sauter les câbles, avec de Montlaur.

Puis on a reçu l'ordre de partir. Le casino n'était pas pris mais on l'avait neutralisé et des troupes anglaises sont restées pour terminer l'assaut. Alors on a laissé le

2. Rapatrié en Angleterre, il ne survit pas à ses blessures et meurt à l'hôpital de Gosport le 12 juin, à l'âge de 20 ans.

malheureux docteur Lion à ceux qui devaient relever les morts. Il paraît qu'on n'a jamais retrouvé son corps. Certains types ont dû sortir dans la nuit rejoindre leur troupe. Est-ce que l'un d'eux aurait déshabillé Lion pour revêtir son uniforme ? On ne le saura jamais, mais il n'a pas eu de sépulture…

On est donc repartis prendre nos sacs, et de là, direction Bénouville, par l'intérieur des terres. Comme on passait par une ferme, Amaury a reçu une balle et a été évacué. À Bénouville, il y avait des snipers un peu partout. Notamment dans le clocher. Des gars ont alors balancé quelques projectiles dessus et l'ont foutu en l'air, et on est arrivés les premiers au pont de Bénouville. Là, près de l'édifice, dans le café Gondrée, on a trouvé le général Gale qui tenait table ouverte. On a même bu le champagne avec lui. Puis les parachutistes anglais ont envoyé des fumigènes au moment où on est passés, pour nous protéger des tirs allemands. Et on a continué jusqu'à Amfreville, en traversant des zones que les parachutistes débarrassaient des asperges de Rommel pour préparer l'arrivée des planeurs dans la soirée.

On est ensuite arrivés à Amfreville. Les paras y avaient déjà pris position. On en a vu un qui voulait traverser la route. Mais il y avait un canon de 88 à l'autre bout, à 3 ou 400 mètres. Le type a reçu l'obus en pleine tête et on l'a vu continuer à courir pour se jeter dans le trou qu'il avait prévu… c'était extraordinaire.

Quand on a pris nos positions sur les lisières d'Amfreville, les Allemands ont dû se rendre compte qu'on arrivait en force. D'autant qu'à ce moment, à la tombée de la nuit, les planeurs nous ont survolés en quantité ! Il fallait voir ça. On se doutait que les Boches étaient là, mais on ne savait pas trop où. Et puis ça s'est mis à tirer de partout. Des planeurs ont été touchés, d'autres se rentraient les uns dans les autres. Mais deux ou trois minutes après avoir atterri, certains contre-attaquaient déjà avec leur artillerie ! C'était incroyable.

Pour ma part, je tenais un coin d'Amfreville. Le quartier général du Commando n° 4 était installé à la ferme Oger. Les services de renseignement nous avaient dit qu'il était possible que des collaborateurs renseignent les Allemands un peu plus loin. Alors le lendemain matin, Kieffer m'a envoyé avec une grosse patrouille vers une des maisons entre les lignes. Quand je suis arrivé, des gens remettaient en état une vieille voiture. Je les ai bien cuisinés. S'ils n'étaient pas collaborateurs, il est certain qu'ils étaient pétainistes. Pour leur sécurité, je les ai fait évacuer vers Amfreville. Nous, on a passé la nuit sur place et on a commencé à recevoir des obus de mortier. Du coup, on a creusé des tranchées.

C'est deux ou trois jours après qu'on a reçu des volontaires qui voulaient se battre. Trois Normands. J'en ai admis deux et j'ai demandé au premier de creuser une tranchée. Malheureusement, un obus de mortier est tombé juste à côté de lui et l'a blessé. Dans l'heure qui a suivi, on l'évacuait en Angleterre[3]. Le second m'avait dit que sa famille était à Caen et qu'il souhaitait y aller.

3. Il s'agit de Georges Lachèvre, qui était né à Rouen en 1924. Blessé lors de la contre-attaque allemande du 10 juin, il fut évacué en Angleterre. De retour au Commando le 10 août 1944, il effectua la campagne de Normandie et toute celle de Hollande jusqu'à sa démobilisation en octobre 1945. Il est décédé le 18 janvier 1976.

Kieffer a refusé, mais un officier de renseignement anglais lui a donné son accord en lui demandant de rapporter en échange des informations sur les troupes allemandes. Le gars a donc pris la route, mais il m'a fallu attendre vingt ans pour le revoir ! Il m'a alors demandé une attestation pour se faire reconnaître comme ancien combattant. Juste après son départ, il avait été attrapé par l'ennemi et envoyé directement dans un camp en Allemagne[4].

C'est autour du 10 juin qu'il y a eu cette fameuse bataille à Bréville. On a lutté toute la journée contre la 21e SS Panzer qui avait mené une attaque du 7 au 8 juin. Elle avait même réussi à atteindre le bord de mer le 6 juin après-midi. Ce 10 juin, l'artillerie côtière tirait à vue sur les blindés allemands. Certains sont venus jusqu'à 300 mètres de nos positions. À un moment donné, des types de ma troop, réfugiés dans une tranchée, ont été touchés avec ceux de la section K Gun. Gesrel a été tué. Un obus a arraché toute la figure de Bégot à qui il ne restait que les yeux. C'était épouvantable… Les gars étaient sonnés. J'ai donné l'ordre d'évacuer vers l'arrière, mais il fallait parcourir 30 à 40 mètres à découvert. Comme personne n'a réagi et que je n'étais pas du genre à me répéter, je suis parti moi-même. J'ai pris mon courage à deux mains : je suis descendu dans la tranchée, je me suis fait mettre Bégot sur le dos avec sa gorge pleine de sang tournée de l'autre côté, j'ai traversé, et les Allemands ne nous ont pas tiré dessus… Pourtant, je suis sûr qu'ils nous

4. Il s'agit de Roger Hacquin, né en 1926 à Dijon. Volontaire pour les commandos du 9 au 19 juin 1944, il fut fait prisonnier par les Allemands le 18 et libéré d'Allemagne le 21 mai 1945. Il est décédé en 2016.

ont vus ! Ça a duré jusqu'au début de la soirée. On ne pouvait rien faire. À la fin de la journée, l'artillerie de marine a mis fin à l'attaque des chars.

Le soir venu, le major Menday – adjoint du colonel Dawson – et Alexandre Lofi sont venus nous voir. Franceville avait été pris, mais le lendemain, le village avait été récupéré par les Allemands qui essayaient de contourner nos positions. Ils m'ont alors envoyé au carrefour de l'Écarde où s'infiltrait l'ennemi, notamment pour piller les planeurs. Ce secteur nous échappait. Notre artillerie tirait le long de Sallenelles, mais il fallait y aller.

À l'Écarde, il y avait une auberge normande désertée avec un grenier qui pouvait servir d'observatoire. On a installé des postes de défense tout autour pendant que des patrouilles légères ratissaient les environs. Un groupe important qui comptait notamment Magy et Zivolhava, placé sous les ordres de De Montlaur, a été envoyé vers le terrain d'atterrissage des planeurs, à une centaine de mètres en contrebas. Pendant ce temps, on a inspecté la maison : dans la cave, du cidre, dans la basse-cour, des volailles ! Scherer, Garrabos et Ropert, qui étaient cuisiniers avant la guerre, se sont alors mis au travail et, en peu de temps, on a eu une table richement fournie. Comme Menday était alors en inspection dans les environs, il nous a rejoints en fin d'après-midi, et toutes les patrouilles, une fois rentrées, ont eu droit à leur part de festin.

Le soir, comme on se dirigeait vers Amfreville, on a vu passer au carrefour le 46e Royal Marines Commando qui devait attaquer Franceville le lendemain pour reprendre la localité. La nuit a été assez agitée, des patrouilles ennemies sont venues nous harceler, mais sans nous mettre vraiment en danger.

Et le lendemain, le 11 juin, au lever du jour, on a décelé des mouvements ennemis en provenance de Sallenelles. Les Allemands longeaient le canal et se dirigeaient vers nous. J'ai envoyé Bouilly et Goujon porter au PC les demandes de tir pour pouvoir battre la zone. Tout à coup, des lance-grenades et des mortiers sont venus s'abattre sur nos positions. J'ai alors eu trois blessés : Garrabos, Gabriel et Richemont. On a formé deux fortes patrouilles, l'une commandée par de Montlaur, l'autre par Lardennois. Je les ai positionnées de chaque côté de la petite route encaissée qui descend vers la Basse-Écarde, en allant vers le canal, et on a réussi à repousser les Allemands vers Sallenelles avec nos tirs d'artillerie. Mais malheureusement, au cours de la poursuite, notre camarade Vinat a été tué, et Lossec et Magy grièvement blessés. Il a fallu les évacuer. Après cette opération, tout est redevenu calme.

On nous a ensuite mis en protection du PC de Lord Lovat et, par roulements, on prenait notre tour de ronde. Avec ma troop, j'essayais de ne pas demander trop de patrouilles, car je n'avais plus grand monde : il me restait environ trente-cinq types, contrairement à la troop de Lofi qui était plus fournie. J'avais donc des scrupules à y envoyer mes gars. Tous les jours à 6 heures du soir, avec Lofi, on avait au PC le briefing des commandants de troops. Je n'arrivais plus à me reposer. J'avais un téléphone de campagne dans ma tranchée et je restais toujours sur le qui-vive, je ne dormais plus. Je pense que c'était des séquelles du souffle de l'obus du 6 juin... Au bout d'un mois, le docteur Kennedy m'a finalement envoyé vers un poste de secours situé après Bénouville. C'est de là que j'ai vu le bombardement de Caen le 10 juillet, le jour où j'ai été évacué. Au début, Francis Vourc'h est venu me remplacer, lui qui s'occupait jusqu'alors de la base arrière et du dépôt à Ouistreham.

J'ai été conduit en Angleterre *via* le port d'Arromanches. J'y suis resté un mois. J'avais eu une rupture de la plèvre. Après cinq ou six jours passés dans un hôpital du sud, pas loin de Londres, où se trouvait aussi Lord Lovat, et huit jours dans un camp anglais, je suis rentré en Normandie, le 15 août 1944.

Je suis repassé par Arromanches, et j'ai retrouvé Kieffer et Dawson qui étaient revenus à Bréville. Le premier avait l'intention de créer un groupe franc indépendant des deux troops ordinaires pour pouvoir faire des coups. Guy Vourc'h avait quant à lui repris le commandement de la troop n° 1. Mais on n'était pas très nombreux. Kieffer m'a alors demandé de l'accompagner à son PC pour prendre la tête de cette réserve, de ce groupe franc. C'était le 16 août je crois. C'est là que l'attaque de Bavent, dans la nuit, avait été décidée. On n'était pas outillés pour poursuivre les Allemands et on devait aller jusqu'à la Seine. Entre-temps, on avait reçu le renfort des Belges de la brigade Piron. Ceux qui ont été chargés de prendre le fameux blockhaus de Sallenelles. On avait dressé des plans pour le neutraliser, mais ce sont les Belges qui l'ont fait.

Le soir, pendant le briefing, le colonel nous a appris que des équipes étaient en train de déminer le bois de Bavent pour que nous puissions attaquer le village dès le lendemain matin. Un bombardement naval était prévu à partir de 7 heures et, à 7 heures et demie, on donnerait l'assaut terrestre. Bavent, c'était la place forte dans le coin, et on y croyait. C'est pour cela qu'avec mes gars, on est partis en reconnaissance vers 10 heures du soir. Les chenaux étaient bien tracés dans le bois, des liserés de couleur bornaient les zones de passage et on les suivait. On est arrivés à la sortie du bois avant le lever du jour et on a envoyé des patrouilles en avant du village. Résultat : rien du tout.

Alors Kieffer a décidé de me faire entrer dans Bavent avec une dizaine de gars. On se méfiait un peu quand même. À un moment donné, on a entendu des bruits dans une maison. On a ouvert la porte brutalement. Il y avait un gros chien qu'on a été obligés d'abattre car il se serait jeté sur nous. Sur place, on a trouvé des cartes ennemies qui indiquaient l'emplacement de tous les cantonnements. Les Allemands venaient de quitter les lieux... Alors on est allés partout, à l'église, dans le cimetière. Là, on a reçu une rafale de mitrailleuse depuis l'autre rive de la Dives. On a surtout découvert où étaient positionnés les mortiers qui nous tiraient dessus quand on se trouvait à Amfreville. Ils étaient remarquablement placés d'un point de vue stratégique ! Et il y avait des tombes allemandes tout autour.

Je suis ensuite retourné retrouver Kieffer avant 7 heures pour lui faire un rapport. Il m'a demandé de repartir vers Bavent avec une dizaine de gars, mais la localité n'a finalement pas été bombardée. J'avais pour mission de faire respecter l'ordre dans le village afin d'éviter les pillages des troupes. Ensuite, les gars sont venus les uns après les autres : Lofi, puis monsieur Picard, le maire d'Amfreville, et le vétérinaire de Bavent, qui avait dû évacuer la place. Ils avaient trouvé des médicaments et des bouteilles de calvados qu'ils avaient cachés. Ils m'en ont donné trois, que j'ai offertes au colonel Dawson et à Kieffer. On est restés là toute la nuit et la journée du lendemain : on contrôlait les lieux.

Et le soir suivant, on est partis pour le village de l'Épine, car on devait traverser la Dives. Je formais la patrouille de pointe. Les gars me suivaient et il me fallait avancer sans tenir compte de rien. J'avais avec moi une quinzaine de camarades, dont Scherer, qui était alsacien et parlait couramment allemand. Comme on passait très près des Allemands, il me traduisait tout ce qu'on entendait. Notre tâche n'était pas facile, car nous ne pouvions pas tirer pour ne pas nous faire repérer. Heureusement, les Anglais avaient préparé les passages de ruisseau avec des boudins de caoutchouc. Arrivés à l'Épine, on est tombés sur un convoi de chariots avec leurs mortiers en place, abandonnés par les Allemands. Ils étaient camouflés pas loin, dans les tranchées. J'ai envoyé des agents de liaison pour informer Lofi qui suivait derrière nous. Lui et ses gars, ils ont ensuite récupéré ces armes, qui étaient françaises, et ils les ont mises en batterie pour bombarder les tranchées ennemies. C'est d'ailleurs tombé tout près de nous.

Mon objectif était d'avancer pour prendre le contact avec les Allemands. J'étais derrière avec Dorfsman. Le jour s'était levé quand on s'est aperçus qu'on nous tirait dessus par-derrière, avec une mitrailleuse. On a alors interrompu notre progression pour la journée : le contact avait été fait.

Ensuite, les combats se sont arrêtés. On était arrivés à Beuzeville où on est restés un moment. Le maire a même invité tous les officiers sous les halles pour un bon petit gueuleton. Il était assis à côté de Kieffer. À table, un type est venu lui chuchoter à l'oreille que des types étaient en train de couper les cheveux de certaines filles. Le maire en a parlé à Kieffer qui m'a alors envoyé en patrouille avec sept ou huit gars. Comme j'arrivais sur les lieux, j'ai vu un type installé derrière une table et des filles qui faisaient la queue devant lui. Il disait : « À elle, il faut lui couper les cheveux, à elle aussi, etc. » Elles étaient déjà trois ou quatre à y être passées ! Elles pleuraient quand on est arrivés. Le gars se disait de la Résistance. Je lui ai répondu qu'ici, il n'y avait pas de Résistance et qu'il était sous notre contrôle militaire absolu. Et je lui ai donné l'ordre de foutre le camp. Alors il est parti avec ses hommes… Du coup, je suis devenu très populaire dans le coin.

On est restés là huit ou dix jours, et quand Paris a été pris le 25 août 1944, on a rejoint la capitale. J'y ai défilé à la tête d'un petit groupe. Vourc'h était aussi venu, avec une cinquantaine de gars qui ont marché depuis l'avenue Foch jusqu'à l'Arc de triomphe. On y est restés vingt-quatre heures, puis on est retournés en Normandie. Le lendemain de notre arrivée je crois, on est repartis en Angleterre, où on a été reçus en musique. On était une centaine.

Aussitôt sur place, on a été envoyés en permission en France. Je n'ai pas pu rentrer en Dordogne car les ponts étaient coupés et on n'avait que huit jours. Alors je suis resté à Paris avec des amis. À cette occasion, j'ai vu Kieffer qui était furieux que des articles aient déjà été publiés sur le Commando dans des revues. C'est là qu'il m'a dit qu'il voulait écrire un bouquin. Il m'a demandé, ainsi qu'à Lofi, de préparer un texte. Alors on est partis à Bayeux où Triboulet nous a logés dans une grande chambre, Kieffer et moi. Kieffer m'a proposé de rédiger un compte rendu de toutes nos actions pour préparer ce livre. J'ai donc écrit un texte pendant que Lofi faisait de même de son côté. Mais visiblement, Kieffer n'en a pas tenu compte pour son propre ouvrage[5]...

Puis on est retournés en Angleterre, où on nous a formés et, au début du mois d'octobre 1944, on est partis à Ostende pour préparer l'opération de Walcheren.

Entretiens réalisés le 20 mars 2002
et le 22 janvier 2003.

---

5. Le livre de Philippe Kieffer, *Béret vert*, parut en 1947.

Jean Couturier (à droite)
21 ans le 6 juin 1944

Jean Couturier

(1923-2006)

Jean Couturier est né le 21 février 1923 à Belfort. Élevé par ses parents et sa grand-mère paternelle, il entame des études d'électricien dans l'école de l'usine Alsthom de Belfort. Il s'engage volontairement dans la marine nationale en 1938 et part en formation à l'École des mousses à Brest. À la déclaration de guerre et après une formation écourtée, il embarque à bord du contre-torpilleur l'*Adroit* pour compléter les effectifs. Ses missions le conduisent à effectuer des escortes des convois dans la Manche, notamment pour ravitailler en matériels et en munitions les chasseurs alpins et des légionnaires qui montent en Norvège jusqu'en avril 1940.

Il est envoyé en mai 1940 dans la poche de Dunkerque pour rapatrier les soldats vers l'Angleterre. Bombardé lors d'une attaque aérienne le 21 mai, l'*Adroit* finit par sombrer. Jean Couturier reste à l'hôpital de Cherbourg pendant dix jours. Transféré au 3e dépôt de Lorient et face à l'avancée allemande, il est évacué à Toulon avant d'être affecté au 5e dépôt, puis sur le croiseur *Algérie*. Mais l'ennui le gagne. Aussi, à la fin de l'année 1941, il demande à intégrer une formation de sous-marinier en tant que radio, après laquelle il embarque à bord du sous-marin *Casabianca*.

À la suite du débarquement allié en Afrique du Nord en novembre 1942, il est pris en charge par des Anglais. Il décide en mai 1943 de rallier la France libre et signe son acte d'engagement en juillet 1943 en Tunisie. Il part pour Alexandrie, avant d'embarquer à Port-Saïd en direction de Liverpool.

Aussitôt dirigé sur le centre de tri de Patriotic School puis à la caserne Surcouf en septembre 1943, il est envoyé au camp de Camberley. Il se porte volontaire pour les parachutistes du 1er bataillon d'infanterie de l'air mais, après avoir échoué aux sélections, il rejoint en novembre 1943 le groupe du lieutenant Amaury avec qui il effectue son stage commando au pays de Galles à Wrexham. Après avoir reçu son béret vert, il intègre le 1er BFMC au sein du Commando n° 10 interallié.

*

Jean Couturier est évacué le 6 juin 1944 dans la soirée pour gagner l'Angleterre. Hospitalisé au Canadian Hospital à Southampton, puis au Ronkswood Hospital, il rejoint la maison de convalescence de Beaconsfield. Le 10 octobre 1944, il est de nouveau opérationnel et retrouve les commandos et son bataillon, alors positionné dans la commune de De Haan, peu avant le débarquement sur Flessingue. À nouveau blessé le 4 novembre, il est évacué en Angleterre, soigné, puis affecté successivement dans des bureaux du Commando n° 4, à la caserne Bir-Hakeim, puis à la base de Greenock jusqu'à la fin de la guerre. Jean Couturier est démobilisé en novembre 1945.

Il est décédé en juillet 2006 sur l'île de La Réunion, où il résidait. Selon ses dernières volontés, ses cendres ont été dispersées en mer face au lieu-dit La Brèche le 6 juin 2007.

Sur le moment, on n'y pense pas,
on ne pense à rien, on le raconte après

On était au Commando n° 10. Quand ils ont su qu'ils préparaient le grand Débarquement, ils ont voulu rassembler tout le monde et on a rejoint la troop n° 1, celle des tout premiers, du commandant Kieffer et de Trépel. On nous a regroupés dans le sud de l'Angleterre, à Eastbourne et Bexhill. C'est là qu'on a formé le Commando n° 4 qui était dirigé par le colonel Dawson. Il parlait très bien français, il était francophone, il aimait beaucoup les Français. Quand il a su qu'il y avait un Commando de chez nous, Dawson a voulu avoir le commandement de cette troupe dans son unité, et c'est de là qu'on est entrés au Commando n° 4.

La formation était en principe de trois mois. Mais du fait qu'on arrivait sur la fin, ça s'est accéléré. C'était très dur, d'autant que nos moniteurs étaient anglais. Notre chef et nos officiers suivaient le même entraînement que nous, simples commandos, et ils n'étaient pas à la traîne, mais devant ! Les Britanniques sont très disciplinés, surtout ceux qu'on appelait les sergents-majors... C'était un peu l'équivalent des adjudants de quartier chez nous, avant la guerre. Quand il devait y avoir l'inspection le matin, ou à n'importe quel moment de la journée, ils arrivaient les premiers et passaient leur doigt sur nos joues pour voir si on était rasés de près.

On faisait ce qu'on appelait la *speed march*, une marche rapide en tenue de combat légère. Il fallait parcourir 11 kilomètres en moins d'une heure. On pouvait aussi franchir 30 miles dans la journée, une bonne trentaine de kilomètres, avec un équipement, un ravitaillement, une gourde… et on devait revenir avec. On nous apprenait à endurer, à subir la soif, à avoir faim, à ne pas dormir. Ce sont tous les trucs qui nous ont conditionnés et qui nous ont permis d'accomplir ce qu'on a accompli. Je crois que si tous les gars qui ont débarqué n'avaient pas eu une telle constitution, un tel entraînement physique, cela aurait été beaucoup plus dur !

On s'exerçait à balles réelles pour connaître réellement le combat. Des tireurs expérimentés déchargeaient leur mitrailleuse à côté ou au-dessus de nous. C'est comme ça qu'on nous préparait, à la grenade, au mortier. On voulait nous familiariser avec le bruit des armes, des explosions. Du coup, quand on a débarqué, on était réellement dans le bain. C'était comme un entraînement, un peu plus intensif !

Avant le Débarquement, on est restés près de quinze jours dans un camp secret. On y a fait un peu d'entraînement, de la culture physique, entretenu les armes. Et puis il y a eu des briefings dans des salles, sous des tentes. Le lieu était immense, entouré de barbelés, extrêmement bien gardé par des soldats noirs américains. Personne ne sortait, pas même les officiers. Dans certains endroits de la côte sud anglaise, ils avaient même fait évacuer les civils vers l'intérieur des terres de façon à pouvoir conserver tout ça bien secret. Au cours de ces réunions, on se retrouvait devant des cartes, de belles maquettes en relief avec la côte, mais sans aucun nom. C'étaient des codes. Mais comme beaucoup de commandos étaient marins, certains ont reconnu le littoral. Les gars qui faisaient les briefings nous ont alors fait dire par notre commandant de ne rien révéler.

On est ensuite montés dans deux navires. Nos officiers, comme Kieffer et Lofi, n'étaient pas sur le même bateau. Il y avait la barge n° 527 et la barge n° 523. La n° 527 était celle du commandant Kieffer, de la troop n° 1 et d'une partie de la section des K Gun, des mitrailleuses lourdes prévues pour nous soutenir. La troop n° 8 de Lofi et l'autre partie de la section K Gun étaient sur la n° 523. Pour ma part, je n'ai jamais pensé que le Débarquement prendrait une telle ampleur. C'est en mer, sur notre bateau, quand on est partis d'Angleterre, qu'on s'est rendu compte. Bien avant d'arriver devant les côtes, nos embarcations se sont rassemblées à un point de rendez-vous, Piccadilly Circus. Là, il y a eu un très grand regroupement de navires. Mais on n'a pas pu voir grand-chose, parce que c'était en pleine nuit. Et en plus, on était sous le pont.

Dans la cale de la barge, ça commençait à sentir un peu mauvais, il n'y avait pas d'air. La plupart des gars avaient le mal de mer parce que le temps était mauvais. Alors forcément, moi-même, comme tout le monde, j'ai été malade. On avait embarqué sur des barges qui n'étaient pas faites pour la haute mer, des bâtiments à fond plat : tangage, roulis, tout ce que vous voulez ! Et quand vous êtes sous un pont, à fond de cale, enfermé, avec tous les gars qui renvoient... en plus, ça sentait le gasoil. Alors avec d'autres, je suis monté sur le pont pour prendre l'air. Il faisait moche, il faisait nuit, mais il y a eu des fumigènes, ils ont lâché les écrans de fumée et tout d'un coup, on a vu une grande bande noire devant nous, on a aperçu la côte : on y était presque.

On savait à peu près où on allait arriver. Le colonel Dawson, le patron du Commando n° 4, a demandé aux chefs des autres barges de laisser une distance de façon à permettre aux deux navires français de débarquer les premiers sur le sol de leur pays : il nous faisait cet honneur ! Sur le moment, on ne l'a pas su. Mais était-ce vraiment un honneur que de nous faire sortir un peu avant tout le monde, ou alors nous envoyait-on simplement au casse-pipe ? Je crois que c'était la première solution. Parce ce qu'en débarquant, on a réellement créé un effet de surprise ! Les Allemands n'avaient pas encore eu le loisir de réagir, ils se tenaient en alerte. Dans leur forteresse, ils étaient un peu à l'étroit. Ça commençait à canarder mais ils n'ont pas eu le temps de sortir de leurs boyaux que la deuxième vague d'assaut était déjà en route.

On a débarqué sur la plage entre 7 h 20 et 7 h 30. Les officiers qui commandaient les barges nous ont amenés au point précis ! La n° 527 a connu un grand malheur. Nos bateaux n'avaient pas de porte centrale qui s'ouvrait, mais des passerelles glissées de chaque côté par l'équipage. Lorsqu'on est arrivés, les marins de la Royal Navy les ont positionnées et on est passés un par un derrière eux. C'étaient de simples planches d'à peu près 35 à 40 centimètres de large, avec en travers des bois, des cordons, pour qu'on ne glisse pas d'en haut comme sur un toboggan... Malgré tout, dans la précipitation, des gars sont tombés. Puis un obus est tombé sur la passerelle et l'a détruite. C'est là qu'on a eu nos premiers tués et nos premiers blessés : Dumenoir, dit Pépé, Piaugé, Guy Vourc'h, Pinelli... tous ceux qui étaient déjà engagés sur les appontements à l'avant. Le commandant de la n° 527 n'a pas perdu le nord : il a tout de suite manœuvré pour accoster notre barge de sorte que les gars qui n'avaient pas encore débarqué puissent passer par la nôtre, la n° 523. Notre débarquement s'est fait ainsi.

De mon côté, c'est très dur à expliquer... je me revois bien sur le pont, mais pas arriver dans l'eau, ni franchir la plage. Les Allemands étaient d'autant plus surpris qu'on était arrivés à marée basse, au moment où elle commençait à remonter. Il restait à peu près 100 à 150 mètres à franchir à découvert pour atteindre la terre ferme et les dunes où se trouvaient des réseaux de barbelés. Et face à nous, des obstacles, des mines, des chevaux de frise. Sur des poteaux, on voyait des Tellermine, des mines encapées par des fils. Quand l'une était touchée, c'était un chapelet entier qui sautait ! Il y avait tout ça sur la plage.

Une fois arrivés sur la terre ferme, on a commencé par constater qu'on avait quelqu'un en face. Pour ma part je n'ai pas vu d'Allemands, ils ne se sont montrés que plus tard. Dans les dunes, un dénommé Marc Thubé a coupé les barbelés avec une pince. Deux gars de chez nous lui ont demandé de faire de gros trous à cause de nos sacs. On avait quand même 40 kilos sur le dos. En plus, j'avais du mal à ramper parce que j'avais accroché mon poste de radio devant moi, sur mon ventre, au moment du Débarquement. Finalement, il ne m'a servi à rien, car au moment où j'ai sauté dans l'eau, j'en avais à peu près jusqu'à la ceinture. Avec les vagues et le temps qu'on arrive jusqu'à la terre ferme, il était mouillé. Je n'ai pas pu transmettre quoi que ce soit ! Presque tous les postes ont été mis hors service au moment du Débarquement parce qu'ils n'étaient pas étanches.

On a donc franchi les barbelés. On avait comme consigne d'aller déposer les sacs dans une vieille colonie de vacances, sur la plage de Colleville. Il fallait prendre uniquement les armes, les munitions, tout ce dont on avait besoin pour partir à l'attaque du casino de Ouistreham. On a traversé – mais on l'a su après – des champs de mines. On a eu un coup de bol : personne n'a jamais sauté dessus. C'étaient des mines antichars et il fallait donc un plus gros poids que des hommes pour qu'elles se déclenchent. Sur le moment, on n'y pense pas, on ne pense à rien, on le raconte après.

Notre bataillon s'est partagé en deux : la troop n° 1 de Kieffer est partie du côté de la route de Lion-sur-Mer, vers Ouistreham, pour prendre le Casino à revers, et la troop de Lofi le long de la plage. On a traversé un château, on est ressortis par la porte qui le surplombe et on est revenus sur la plage pour prendre tous les petits blockhaus qui communiquaient par des boyaux. Il y en avait une bonne lignée. Avec Lofi, on avait comme mission de s'en emparer et ensuite de réaliser la jonction avec la troop n° 1 pour attaquer le casino. La jonction s'est faite, bien sûr, là où se trouve l'actuel casino, du côté du musée des Commandos, vers l'hôtel Saint-Georges, mais avec beaucoup de pertes. En effet, pas mal de gars ont été sonnés, dont le docteur Lion qui s'est fait abattre par un sniper. Il était en train de soigner Rollin qui avait lui-même reçu une balle dans la tête, toute défoncée, la boîte crânienne avait sauté…

Je n'ai pas eu de pot, j'ai été touché en prenant le dernier blockhaus. Un tir de mortier a arrêté l'élan de l'attaque et je me suis retrouvé dans le tas des blessés. Pour moi, ça s'est arrêté là, c'est l'infortune de la guerre. Certains y sont restés avant, d'autres après. Il y en a qui ont fait toute la campagne de Normandie et qui n'ont rien eu, même si dans nos rangs, il a fallu compter le premier jour pas loin de 40 % de pertes. Entre les hommes mis hors de combat et les gars qui ont été tués, c'est un bon petit pourcentage. Moins que prévu quand même. Car dans notre camp secret, quand on nous avait rassemblés, les Anglais nous avaient dit qu'on serait à peu près un sur deux à ne pas rentrer !

Deux camarades m'ont ramassé. Le service sanitaire n'arrivait pas à suivre pour ramener tous les accidentés. J'ai attendu un peu, on avait une trousse de secours de première urgence. On m'a fait une piqûre de pénicilline pour essayer d'enrayer une infection quelconque. J'ai été pas mal blessé, j'ai eu plus de lésions qu'un bonhomme peut en avoir. Sur les jambes, vers le haut du bassin… j'ai eu le coude fracassé, complètement ouvert, quatre éclats au poumon, quelques petits autres à la tempe, les cicatrices que j'ai là au front. Un éclat était entré dans ma lèvre inférieure et m'avait fait sauter toutes les dents du bas. J'ai cru que c'était des cailloux ! Sur le moment, on ne sent pas, on est sonné, on n'a pas le temps de réaliser. Un seul petit éclat et plus une dent en bas ! Je n'étais plus en état, j'ai essayé pourtant. Ils m'ont dit de continuer, mais les jambes ne suivaient plus. Sur le moment, je suis resté droit, puis d'un seul coup, je me suis effondré. Ce sont Raymond Jovenin et Francis Guezennec qui m'ont récupéré. Ils m'ont dégrafé, ils ont vu le sang. Tous ont cru que j'allais y passer. Et ils m'ont amené dans un poste de secours.

Sur les plages où on avait débarqué, les Anglais avaient installé un grand pavillon de la Croix-Rouge. Ils y soignaient tout le monde. Des Fritz, des Français, des Anglais, même des civils de Ouistreham. J'ai vu un jeune Allemand blessé, et un gars de chez nous, Lechaponnier qui avait reçu cinq balles dans le dos à peu près en même temps que moi. Et tout à coup, cet Allemand a sorti une grenade de sa botte et l'a balancée au milieu des hommes. Alors Klopfenstein, un Alsacien de chez nous, un costaud, ancien fusilier marin de l'École des officiers marins avant la guerre, maître d'armes de l'école de Joinville, a pris sa mitraillette et l'a tué sur place. Il l'a fini à coups de pompe ! J'étais là, j'aurais pu recevoir une nouvelle blessure.

Parmi tous ces Allemands qu'on voyait se trouvaient des territoriaux d'un certain âge, et aussi des tout jeunes. Ce n'était pas ce qu'on appelle l'armée d'élite des Allemands. Chez nous au Commando, il y avait également des gens âgés. Premièrement, le commandant Kieffer, qui avait déjà 40 ans, un réserviste de la marine nationale. C'est lui qui avait formé et voulu le Commando. Accomplir tout cela à son âge, chapeau ! Moi, je comptais parmi les plus jeunes. On était quand même pas mal, comme Gautier, Morel ou Bolloré. Mais le plus jeune, c'était Rossey, le petit Rossey. Un cas particulier, un pied-noir de Tunisie. Pour rallier la France libre, il avait triché de deux ans, car il en avait en réalité 15. Et quand il s'était engagé, il avait dit qu'il en avait

17 bien tassés. Il était à la section des K Gun. Le plus jeune du Commando avec Bolloré. Lui, il s'était évadé de France, de sa Bretagne natale. Il avait échangé son cheval contre une barcasse pour pouvoir rallier l'Angleterre. Et quand il y était parvenu en 1943, il avait 18 ans, donc 19 en 1944. Moi, j'avais juste 21 ans cette année-là.

Il y avait aussi des gars plus âgés que nous, comme le commandant, l'abbé de Naurois ou encore Bucher, qui étaient quand même déjà bien mûrs en 1944. Ils étaient en pleine force, des gars aguerris, parce qu'ils avaient été mobilisés en 39-40, avaient déjà baroudé ou connu la débâcle, l'emprisonnement, les camps de prisonniers de guerre… Moi, je pétais la flamme, je n'étais jamais fatigué.

Il faut dire qu'on était conditionnés pour résister. Bien souvent même, après les exercices de la journée en Angleterre, on repartait le soir en ville. On était logés « en billette », chez l'habitant, on touchait un prêt franc pour payer ceux qui nous hébergeaient. Bref, le soir on rentrait, on se débarbouillait, on se changeait. La plupart du temps, on ne mangeait pas et on partait se retrouver entre copains. C'était le pub, la soirée pour aller boire un coup, entre officiers et simples commandos ! Et toujours en uniforme. Cette ambiance était particulière. On se regroupait par petites équipes, tout le monde n'était pas là… Nous étions dispersés dans différents coins de la ville, que ce soit à Eastbourne, Bexhill ou Newhaven, chacun avait son petit quartier, comme dans le civil… et une certaine liberté. C'est pourquoi cette atmosphère, ce contact entre officiers et simples commandos, a créé des amitiés et de la camaraderie, sans pour autant qu'on se manque de respect. Le lendemain matin, on repartait au boulot. Ça se faisait automatiquement, c'est ça qui était sensationnel ! Et l'esprit est resté…

À Ouistreham, avant d'être blessé, je n'ai pas eu le temps d'avoir de contacts avec les civils. Les premiers ont été pris après l'assaut du casino, lorsque les gars sont allés récupérer leurs sacs, quand la résistance allemande avait pratiquement disparu. Le père Lefèvre, un vieux de 14-18, a été la première rencontre. Il s'est mis à la disposition du commandant Kieffer, car il savait où passaient les réseaux téléphoniques. Deux gars de chez nous qui s'y connaissaient un peu en démolition l'ont emmené pour aller faire sauter ces lignes de communication avec le casino et avec tous les petits bunkers.

Mais c'est vers 11 heures du matin, quand il n'y avait plus rien, que les gens ont commencé à sortir et à se rendre compte. Ils ont bien vu que tout cela était le fait des Anglais. Et quand ils ont entendu parler les commandos en français, dans la même tenue, avec le même béret, de la même couleur, beaucoup ont dit : « Ces Anglais, ils sont au poil ! Ils ont même appris à parler le français ! » Nos gars leur ont dit : « Mais non ! Mais non, on est français, on est français. » Les civils étaient bluffés.

Entretien réalisé le 1er juin 1994.

Paul Chouteau
22 ans le 6 juin 1944

Paul Chouteau

(1922-2017)

Paul Chouteau est né le 3 mars 1922 à Gray, en Haute-Saône. Après son certificat d'études, il entre en apprentissage comme peintre en bâtiment chez son oncle, pendant cinq ans. Il s'engage le 6 juin 1939, à 17 ans, dans la marine nationale.

Après une scolarité à l'École de canonnage à Brest, il s'engage comme canonnier marin sur le cuirassé *Courbet.* Il obtient son brevet en novembre 1939 avant d'embarquer dans la marine marchande pour des convois sur la Manche et sur la mer du Nord. Contraint de rentrer à Lorient en juin 1940, il évacue à bord du *Commandant-Domine* vers l'Angleterre.

Le 3 juillet 1940, il arrive au port de Falmouth. Consigné au camp de rassemblement d'Aintree jusqu'en décembre 1940, il demande son rapatriement vers la France. Débarqué à Toulon, il cherche à rallier la France libre. À la suite de passages sur différents navires dont le *Colbert* et l'*Émile-Bertin*, il s'engage comme volontaire sur l'*Île-de-Sainte-Lucie* en avril 1943.

Après des étapes à la Trinidad puis l'arrivée à Newport, aux États-Unis, il débarque à Glasgow avant d'être acheminé à Londres, à la caserne Surcouf, où il séjourne du 20 avril au 25 septembre 1943. Il s'engage officiellement dans les rangs du Commando Kieffer le 23 septembre 1943.

Suit une période d'entraînement de type Achnacarry à Eastbourne, puis il intègre la troop n° 8 d'Alexandre Lofi en tant que quartier-maître.

*

Paul Chouteau prend ensuite part au débarquement à Flessingue le 1er novembre 1944, puis aux combats aux Pays-Bas et en Allemagne jusqu'à la fin de la guerre. Démobilisé à Cherbourg en octobre 1945, il se retire à Paris où il retrouve son métier de peintre avant de faire carrière dans la police nationale. Il prend ensuite sa retraite en Normandie.

Paul Chouteau est décédé le 26 janvier 2017 à Houlgate. Ses cendres ont été dispersées le 6 juin 2017 au large de la plage de Colleville-Montgomery.

On comprend que ce n'est pas de la rigolade !

À partir d'avril 1944, on est dans le sud de l'Angleterre, à Bexhill. L'ensemble des troops est rassemblé, tous au même endroit ! Si chaque troop reste quand même de son côté, on fait les entraînements ensemble. On est montés en Écosse s'exercer au débarquement. On est prêts. On ressent de l'impatience : certains sont là depuis deux ou trois ans, ils en ont marre… Il y a eu un peu de départs. Enfin, en mai, on redescend à Bexhill, puis dans un camp à côté de Portsmouth. Le sud de l'Angleterre une semaine avant le Débarquement, c'est un immense parc de matériel et d'hommes. Des chars partout, une circulation restreinte. Les civils ne peuvent pas rentrer ou sortir comme ça : on est vraiment sur le pied de guerre. On mange et on dort dans ce camp de Titchfield, coupés du monde. Défense de sortir, défense d'entrer, on est gardés comme des prisonniers. Sur les maquettes qu'on nous présente, on reconnaît tout de suite la côte, on comprend immédiatement où on va débarquer. Les Anglais, eux, ne savent pas.

Pendant la traversée de la Manche sur la barge, je dors, je ne me réveille que le matin. Il fait gris, vraiment pas beau. La côte est tout enfumée. On voit des obus qui tombent, les navires de guerre qui tirent sur la côte aussi. Là, on comprend que ce n'est pas de la rigolade ! On a en tête la mission. Elle est précise : chaque troop a un point de chute. On doit rejoindre un endroit dans la ville, puis la colonie de vacances pour déposer nos sacs parce qu'on transporte 40 kilos d'équipement sur nous, plus les mortiers !

Lorsqu'on arrive près du littoral, ça tombe de partout : les obus, les mortiers, les balles de mitrailleuses… Les Allemands sont encore en forme, ils n'ont pas fini de tirer. C'est dangereux. Quand on met les passerelles à l'eau, elle est encore profonde car les barges ne peuvent pas aller jusqu'au bord. Le plus dur, c'est de s'engager dessus avec 40 kilos sur le dos… C'est juste une planche ! Il faut descendre, se mouiller, ramper, puis sortir. C'est pénible… Il s'agit aussi de maintenir son arme hors de l'eau et, ensuite, de courir sur plusieurs centaines de mètres, car on est à marée basse.

Il n'y a personne sur la plage à part nous ! On est les premiers du Commando n° 4. On doit avancer pour arriver jusqu'aux barbelés, et ce n'est pas un petit grillage. C'est dantesque. L'un de nous place un boudin sous les caillasses[1], puis il fait sauter la ferraille. Derrière, ce sont des champs réputés minés. On ne sait pas s'ils sont vrais, mais on traverse quand même et on dépose nos sacs dans la colonie de vacances. Là, on se sent soulagés. On fait l'appel de ceux qui sont aptes à combattre, de ceux qui sont blessés. Et on se rend compte que presque tous les officiers le sont.

Alexandre Lofi, qui est indemne, est toujours en tête. On se dirige à sa suite vers le château. On doit prendre un virage pour aller derrière le mur de cette bâtisse. Mais les Allemands ont pointé leurs mortiers sur nous. Et là, ça tombe précis, il nous faut traverser entre deux. C'est ainsi qu'on progresse, par petits groupes, vers Ouistreham. On ne rencontre personne. Le moment doit être trop dur pour les civils. Certains d'entre nous en ont peut-être rencontré, mais moi, je ne suis pas allé jusque-là. Je sors de derrière le mur, je le longe, je pars sur la gauche, on s'enfonce derrière les maisons, et c'est là que je suis blessé. Une salve de bombes peut-être. Je ne comprends rien sur le moment, mais je sais que je suis touché dans le dos. Les autres continuent sans moi.

Les blessés ne sont pas directement pris en charge, on doit attendre qu'un infirmier du bataillon vienne nous soigner. Puis au bout d'une heure, quand tout s'est calmé, on rejoint la plage, sans même reprendre nos sacs. Alors j'attends. On est rassemblés là, avec

1. Il s'agit vraisemblablement d'un tube Bangalore.

des cadavres, le ventre ouvert à cause des grenades. On est évacués dans la soirée dans des barges d'hôpital aménagées pour les blessés. Le lendemain matin, j'arrive à Londres, je ne sais trop comment. Je ne sais même pas par où on est passés. Nous allons dans un hôpital. On m'opère deux fois parce que la première, on n'a pas pu enlever l'éclat. J'en avais cinq au total. On m'en retire quatre à Londres, et un autre après. Il était dur à enlever le dernier, à un millimètre près, j'étais mort.

Moins de deux mois plus tard, en juillet, je retrouve les commandos en Normandie, vers le bois de Bavent. Dans ma troop, la n° 8, presque tout le monde a été blessé. Quand j'arrive, ils ne sont plus qu'une quinzaine. À la troop n° 1, c'est pareil. Lofi commande toujours. Je retrouve mon poste au mortier, il y a de la place ! On reste stationnés à Bavent trois ou quatre jours. À la fin, comme l'ennemi n'offre presque plus de résistance, on peut avancer. Dans le village, pas un chat, seulement des débris et des ruines. Mais on se fait tirer dessus par un canon depuis le mont Canisy, un vrai bombardement qui dure cinq minutes. Puis les Allemands repartent.

Alors on progresse et on finit par les rattraper. On leur court après, mais on n'est pas faits pour ça, nous, les commandos. On bouche les trous… Trois nouvelles recrues sont arrivées, dont deux se sont fait tuer. Seul Lachèvre reste avec nous un moment… Mais pour nous, c'est fini à Beuzeville. On est rapatriés en Angleterre en passant par le port artificiel d'Arromanches. C'est inimaginable !

Au Royaume-Uni, on me donne une permission que je passe là-bas, dans le Sud, à Bexhill, l'endroit depuis lequel on est partis pour la France, dans la même famille. Mais cette fois, c'est beaucoup plus détendu ! Je ne fais pas grand-chose, je vais à Londres avec d'autres commandos : Archieri, Plancher et deux ou trois amis de la troop n° 8. J'y dépense tout l'argent que j'ai gagné. Car comme on n'a pas été payés pendant qu'on était au front, l'argent a été mis de côté et nous a été rendu à notre retour, alors on a pas mal de livres à dépenser !

Entretien réalisé le 24 septembre 2002.

Jean Masson
21 ans le 6 juin 1944
© Parcours de vie dans la Royale.

Jean Masson

(1923-2019)

Jean Masson est né le 15 mai 1923 à Saint-Dié, dans les Vosges. En apprentissage jusqu'à ses 18 ans chez un oncle artisan fondeur, Jean Masson franchit la ligne de démarcation avec un camarade en 1941 pour rejoindre la zone libre. Parvenu à Toulon, il s'engage dans la marine pour rejoindre plus tard le général de Gaulle et la France libre. En attendant, il fait le choix d'une formation d'électromécanicien à l'école de Bizerte en Tunisie, du 7 juillet 1941 au 24 octobre 1942.

Jean Masson se porte ensuite volontaire pour partir vers l'Égypte. De retour en France et après l'invasion de la zone sud, il envisage un départ vers l'Angleterre par l'Espagne. Avec un ami ariégeois, il se fait embaucher dans une centrale électrique, dans la montagne, jusqu'à son départ, le 30 avril 1943, en direction d'Andorre. Arrêté par la Guardia civil, il est alors interné à la prison de Lérida avec cent cinquante autres Français pendant deux mois. Finalement libéré par la Croix-Rouge américaine, il est conduit à Barcelone et logé dans une pension. Après six mois d'attente, Jean Masson parvient à quitter l'Espagne par un convoi en partance pour Casablanca *via* Malaga.

Une fois arrivé au Maroc et après être passé par un centre de triage, il choisit l'Atlantique Nord. Il embarque alors à la fin de l'année 1943 à bord d'un convoi anglais venant d'Égypte avec la 8e armée britannique. Jean Masson arrive à Greenock, en Grande-Bretagne, le 1er janvier 1944. Après son passage à la caserne de Bir-Hakeim près de Portsmouth, il se porte volontaire pour les commandos. Sous les ordres du lieutenant Amaury, il suit une période d'entraînement de trois mois au pays de Galles, à Wrexham, avant de rejoindre le Commando interallié n° 10 à Eastbourne. Jean Masson est finalement versé dans la troop n° 1, dans la section de Jean Pinelli. C'est avec elle qu'il se prépare au Débarquement en Normandie.

*

Après une période de trois mois de convalescence, Jean Masson participe au Débarquement sur Flessingue sous la conduite de Jacques Senée. Il contribue ensuite à toute la campagne de Hollande et d'Allemagne.

De retour en Angleterre en juin 1945, il est démobilisé en France en octobre puis retourne à la vie civile. Il fait une carrière au sein du Commissariat à l'énergie atomique (CEA) en qualité de prospecteur géologue spécialisé dans la recherche d'uranium, au Gabon, au Niger et à Madagascar.

Jean Masson est décédé à Ollioules le 24 février 2019.

Un Sherman sortait de l'eau
et j'étais dans l'alignement des chenilles

Dans le sud de l'Angleterre, on a été frappés par tous les préparatifs du Débarquement, une accumulation de matériels militaires. On rencontrait partout des chars, des régiments canadiens ou autres. Il y avait une telle concentration qu'on sentait que quelque chose se tramait… On ignorait que le Débarquement aurait lieu en France, mais on savait qu'on préparait une grosse opération.

On gardait le secret le plus total dans ce fameux camp de Titchfield où on avait séjourné. Il était géré par les Américains. Même eux n'avaient pas le droit d'en sortir pour qu'aucun bruit ne se répande dans la ville. Là-bas, on travaillait sur des cartes et des maquettes anonymes, parfois avec des noms de côtes, mais on ne savait pas exactement lesquelles. On nous avait dit : « Si quelqu'un reconnaît l'endroit (certains étaient du coin et l'avaient identifié), qu'il n'en parle pas, qu'il ne le dise pas ! » C'est seulement une fois sur l'eau qu'on nous a annoncé qu'on débarquerait à Ouistreham, à Riva-Bella, à Lion-sur-Mer, dans ces coins-là… Je n'avais jamais vu l'océan avant mes 18 ans !

Le 4 juin 1944, on a embarqué et on a fait demi-tour aussitôt. L'opération était prévue pour le 5, mais elle a été annulée à cause du mauvais temps. On était pourtant montés dans les barges… Mais ça ne s'est vraiment fait que le lendemain, le 5. Dans mon navire, on s'est retrouvés à 90 : 177 hommes plus les équipages sur deux bateaux seulement…

Pendant la traversée j'ai somnolé. J'avais une certaine facilité à m'endormir rapidement et n'importe où. On avait des rations, je disposais d'une boîte autochauffante, une soupe à la tortue. Je l'ai mangée... Puis je me suis rendormi pour me réveiller le lendemain matin, à 6 heures, quand on nous a dit : « Allez ! On est en vue, tout le monde sur le pont ! » Je n'étais pas nerveux et je n'avais pas le mal de mer ni quoi que ce soit.

Quand on est sortis sur le pont, c'est en se retournant qu'on a remarqué qu'il y avait du monde ! On n'avait pas vu l'armada au départ de Portsmouth, car on était tout de suite descendus dans la barge, et on était partis la nuit... Ce matin-là, c'était calme, très calme. On apercevait vaguement la côte dans la brume. Et puis sont arrivés des avions, des chasseurs qui ont commencé à lancer des écrans de fumée. Et je ne sais pas, quelqu'un a dû donner un ordre. Tout d'un coup, ça s'est déclenché de partout. Ça s'est mis à tirer derrière nous, à côté de nous. C'était incroyable ! Quand les croiseurs et les cuirassés ont ouvert le feu à l'arrière, on avait l'impression que des trains passaient dans l'air au-dessus de nous, ça vibrait de partout ! Certaines barges étaient chargées de roquettes et de lance-roquettes, ça pétait, ça faisait un bruit épouvantable. Tout ce qui pouvait tirer tirait. À l'avant du navire, il y avait un petit canon, un 20 millimètres. Et un matelot anglais tout seul. Je me souviens de cette image : le gars était secoué quand il visait les blockhaus. Puis les Allemands ont répondu. Tout d'un coup, tout est parti, jusqu'à ce qu'on arrive à la côte.

C'est alors qu'on a débarqué. Heureusement, moi, je flottais. Il fallait quand même parcourir une dizaine de mètres pour avoir pied, et certains laissaient tomber leur matériel. Il faut dire qu'on était un peu chargés : notre équipement personnel, nos rations, nos munitions, l'armement, plus des munitions pour les mitrailleuses K Gun et les autres armes automatiques qui auraient besoin de chargeurs… des chargeurs pour elles, plus des explosifs, des grenades. Alors il n'était pas possible de courir sur le sable. On devait déposer tout ça en arrivant dans un vieux bâtiment qui existe toujours. C'était notre repère.

Sur la plage, pour moi, ça a été bref. Il y avait des croisillons dans l'eau, des barbelés… il fallait déjà se sortir de là ! Et puis une fois au sec, on est tombés sur un champ de mines avec des barbelés, alors on s'est arrêtés net. On a attendu les gars qui devaient couper les barrières. Pendant ce temps, les mortiers allemands nous flinguaient, et la section Pinelli s'est malheureusement ramassée. Un mortier est même tombé, peut-être à 1 mètre de moi. J'étais enveloppé par les flammes et la fumée. On m'a dit que c'était un mortier de 100 millimètres quand on m'a ressorti les morceaux. Je n'étais pas mort, mais presque ! J'en avais dans la tête, dans les bras, dans la hanche… On était neuf sur le carreau, dont trois morts dans la section. Pour moi, ça s'est arrêté là…

À un moment, j'ai vu un British, un infirmier, qui s'est arrêté à côté de moi. Il a découpé mes vêtements, a commencé à me mettre des pansements. On avait chacun dans notre sac un tube de morphine pour se soigner soi-même. Le gars l'a trouvé puis m'a fait une petite piqûre, j'étais KO. Alors il a cru que j'étais mort et il m'a laissé pendant qu'on ramassait les autres blessés. Je ne sais pas combien de temps ça a duré… Mais tout d'un coup, j'ai été réveillé par un tremblement, par un bruit de ferraille. Ça m'a ranimé. J'ai tenté de bouger, j'ai juste tourné la tête. Un Sherman sortait de l'eau et j'étais dans l'alignement des chenilles, alors j'ai eu la trouille. J'ai essayé de me tourner mais je ne pouvais pas remuer.

Heureusement, un Anglais qui se trouvait dans le coin m'a vu et a agité les bras devant le char pour qu'il s'arrête. Il est passé à côté de moi. Quelques minutes plus tard, j'ai vu deux Allemands prisonniers, puis j'ai été emmené près d'un blockhaus. On m'a chargé sur une Jeep équipée de brancards et on m'a envoyé à Ouistreham, le long de la plage. Je ne me souviens plus à quelle distance exactement, mais c'était affreux… La Jeep sautait, les morceaux de ferraille me rentraient partout dans le corps.

On m'a installé sous des tentes où se trouvait un tas de gars dans le même état que moi. Les valides qui arrivaient à marcher ont été rapatriés plus rapidement, tandis que moi, je suis resté plusieurs jours sans boire, sans manger, sans soins. J'y étais depuis le 6 au matin ; je suis arrivé en Angleterre le 9 au soir. Il y avait aussi des Allemands blessés. On m'avait embarqué dans la matinée, mais je ne me rendais plus bien compte, j'étais dans le cirage, j'avais de la fièvre. J'ai été opéré à Chichester pendant la nuit du 9 au 10 juin après avoir débarqué à Portsmouth par le train. Le lendemain, ça allait déjà beaucoup mieux.

J'ai ensuite été amené par ambulance à côté de Brighton, une ville en bord de mer. Là, il y avait des spécialistes des blessures à la tête. Je suis resté deux mois et demi allongé à l'hôpital avant de pouvoir marcher et d'être rétabli. Je suis sorti le 15 août 1944, puis on m'a envoyé en convalescence à Beaconsfield, où j'ai retrouvé des copains. Nous y avons séjourné environ deux semaines, jusqu'à ce que le Commando rentre de Normandie, c'est-à-dire début septembre 1944. Alors j'ai rejoint mon unité. On a été rééquipés, réorganisés, et les noms des troops ont changé : la troop n° 1 est devenue la troop n° 6. Et j'ai entendu les récits des copains qui étaient revenus de France.

Entretien réalisé le 15 avril 2002.

Conclusion

Au commencement, les hommes du Commando Kieffer sont tout sauf des héros. Étudiants, ouvriers, manœuvres, employés de bureau, marins, célibataires ou pères de famille avant la guerre, rien ne prédisposait ces hommes ordinaires à devenir ce que la mémoire collective ferait d'eux, quatre-vingts ans plus tard : des héros de la Seconde Guerre mondiale.

En faisant le choix de l'engagement militaire au moment de l'armistice, ces jeunes hommes, motivés par de profondes convictions personnelles fondées le plus souvent sur une éducation patriotique affirmée, entendaient défendre leur pays envahi. D'autres trouvaient là l'occasion de s'extraire de l'étroitesse d'une vie familiale ou professionnelle au devenir incertain. La soif d'aventure et le désir de victoire devaient guider ces volontaires de la première heure jusqu'aux plages de Normandie qu'ils seraient les premiers à fouler le matin du 6 juin 1944.

La diversité des origines sociales et la pluralité des parcours de vie de ces hommes avant-guerre ne devaient pas empêcher la formation, au sein du Commando Kieffer, de différentes familles regroupées par affinités.

Les récits personnels présentés ici sont le reflet de cette réalité.

Il y a tout d'abord ceux qui ont rallié la France libre, les premiers, dès l'été 1940, puis ceux qui ont suivi, arrivés avec la dernière vague de ralliement en 1943. Il y a aussi ceux qui ont intégré les commandos en 1942 et ceux qui en ont formé les derniers renforts au début de l'année 1944. Il y a les marins et les fusiliers marins de formation, et les autres, qui le sont devenus pour être commandos. Enfin, il y a les Normands, les Bretons, et tous les autres…

Dans l'entraînement puis dans l'épreuve du feu, chaque homme a lié son destin à celui de sa troupe, de son chef, trouvant là une nouvelle famille, ici une figure protectrice. Chacun a été marqué par la mission reçue le 6 juin 1944 et par la douloureuse bataille de Normandie. L'autorité et le courage de Philippe Kieffer ont dominé et frappé les esprits, mais Alexandre Lofi, Guy Vourc'h et Pierre Amaury, à la tête des troops n° 8, n° 1 et K Gun, sont apparus comme de véritables chefs de guerre, relayés sur le terrain par autant d'officiers de valeur : Bagot, Hulot, Faure et quelques autres…

Pour les anciens de la troop n° 1, le débarquement catastrophique et la prise du casino de Ouistreham ont constitué les faits majeurs du 6 juin. Les anciens de la troop n° 8 sont restés marqués par les combats dans les dunes de Colleville à Ouistreham et par l'attaque à la baïonnette à l'Épine, à la fin du mois d'août. Une vingtaine d'hommes a participé à la prise du casino, ils ne seront guère plus pour mener les derniers combats de l'Épine. Tous en revanche ont contribué de manière similaire à la campagne de Normandie, effectuant avec les mêmes angoisses les patrouilles de nuit, subissant les violences extrêmes des bombardements allemands, déplorant des pertes identiques dans leurs rangs de moins en moins fournis.

L'histoire commune des 177 Français s'est écrite le 6 juin, c'est un fait. Mais elle s'est forgée durablement dès le lendemain, sur les hauteurs d'Amfreville, dans les tranchées de Bréville, dans les trous d'hommes du bois de Bavent.

La lecture de ces témoignages nous rappelle que cette histoire est loin d'être uniforme et linéaire. Elle résonne au contraire de plusieurs voix, des voix qui se répondent par endroits, se contredisent quelquefois, se complètent bien souvent. Ces voix condamnées à s'éteindre, eux, les hommes du Commando Kieffer, auront eu à cœur de nous les transmettre, lorsqu'il était encore temps, pour que nous les partagions quand ils ne seront plus là… Pour cela, n'oublions jamais ; pour cela, ne les oublions pas.

ANNEXES

Le débarquement sur *Sword beach*, l'assaut à Colleville (6 juin 1944)

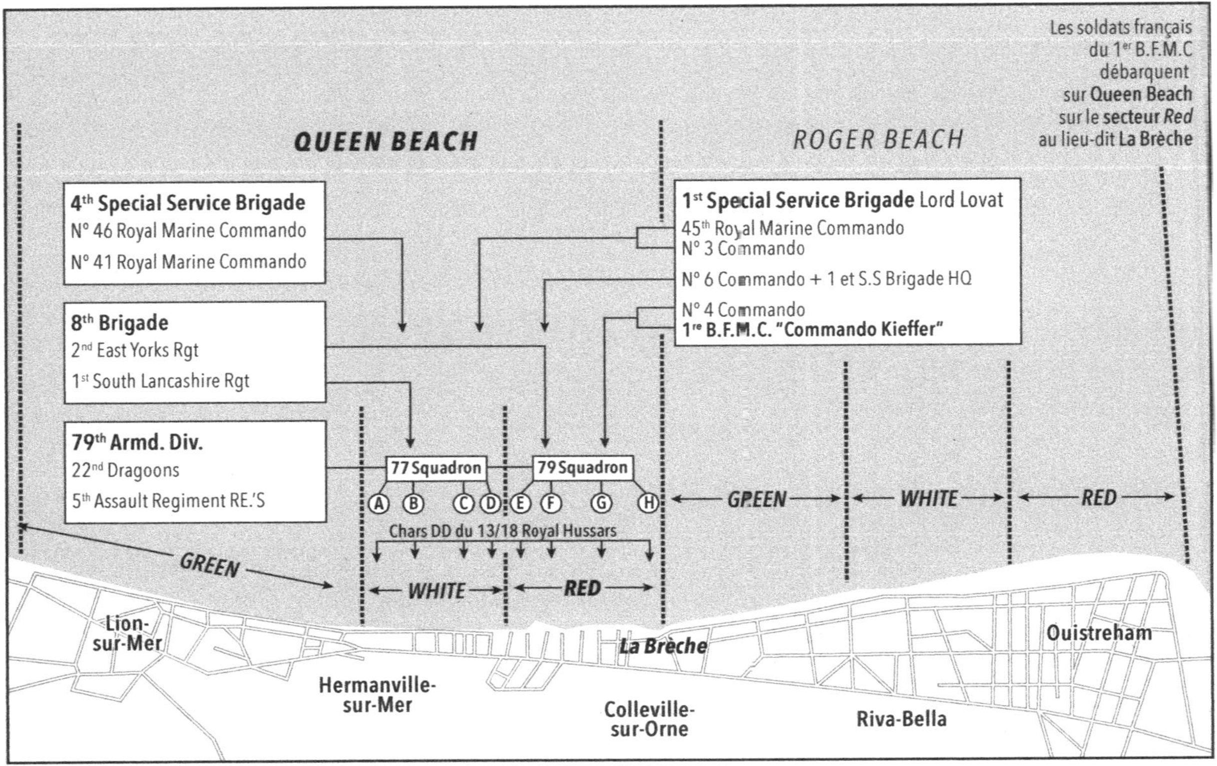

La libération de Ouistreham (6 juin 1944)

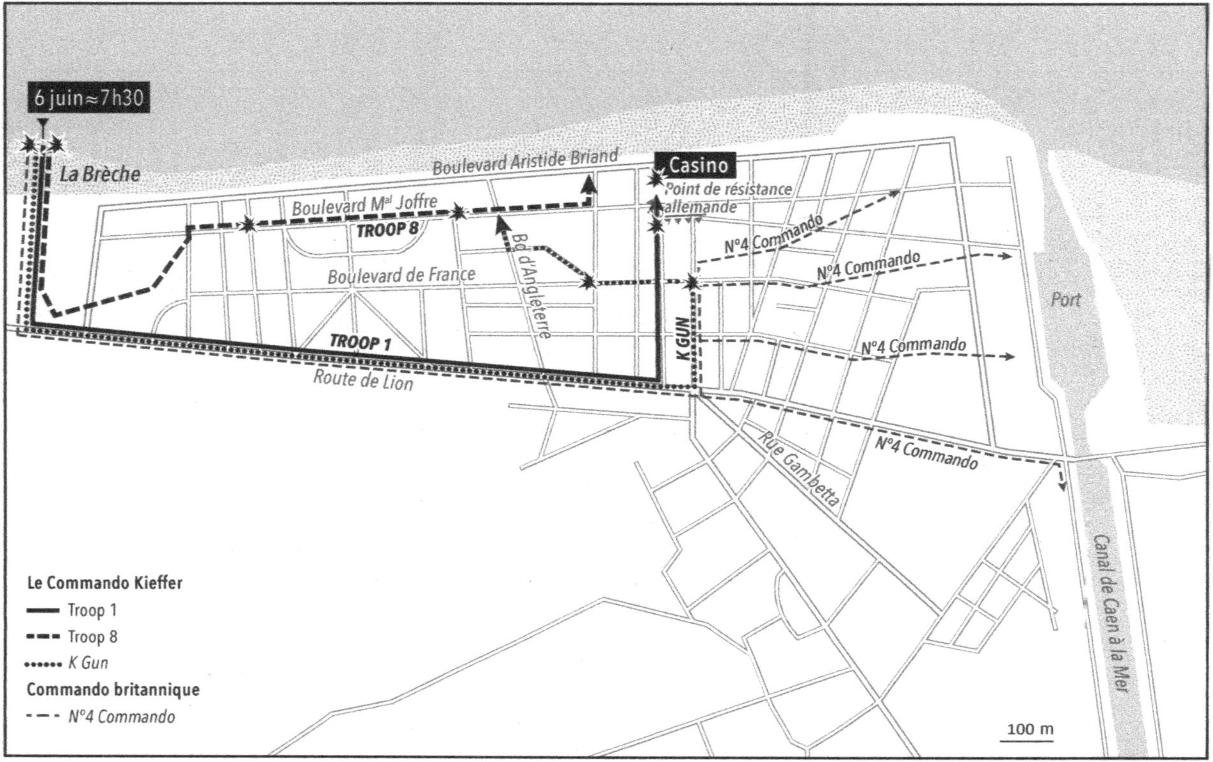

Ils ont débarqué en Normandie… six mois avant le Jour J
Joseph Madec et René Navrault, rescapés du raid de Gravelines

Retour sur le raid de Gravelines, 24-25 décembre 1943

Dans le cadre des raids « Hardtack », l'opération sur Gravelines est la seule à avoir été programmée pour la nuit de Noël. La vedette rapide qui quitte le port de Douvres vers 22 heures emmène à son bord sept hommes sous la conduite de Pierre Wallerand : cinq Français – Roger Caron, Joseph Madec, René Navrault, Albert Meunier, Gaston Pourcelot – et deux Anglais – le sergent Park et un radio, le caporal Jones. À bord les ont rejoints un médecin français, le capitaine Villière, et un officier anglais des transmissions, le major Leahy.

Arrivés à terre sans encombre par une mer déjà forte, les hommes se mettent aussitôt à leur mission : explorer les défenses allemandes, rapporter des échantillons de mines, de barbelés, etc. Tout se déroule dans les meilleures conditions, malgré le passage au loin d'une patrouille ennemie. Le secteur est extrêmement fortifié et solidement défendu. Joseph Madec se souvient :

> Le débarquement s'effectua sans incidents. Je restai avec le second maître Caron et le quartier-maître Pourcelot pour

> reconnaître un nid de mitrailleuses et couvrir le reste de l'équipe au cours de son travail de détection de mines. Mon camarade et moi, nous reçûmes l'ordre du second maître Caron de rester immobiles pendant qu'il allait prévenir le maître Wallerand du passage d'une patrouille de deux Allemands[1].

Un autre commando, Gaston Pourcelot, témoigne :

> Nous débarquons à minuit et demi. Nous gagnons la côte après avoir marché dans la mer une centaine de mètres car la plage est en pente très douce. Nous prenons aussitôt notre formation pour progresser après avoir traversé un réseau de fils de fer barbelés en partie recouvert par le sable, nous gagnons les dunes et, presque aussitôt, nous tombons sur le champ de mines qui était notre objectif principal. Il y a environ une heure que nous sommes en position quand il me semble entendre causer de mon côté [...]. C'est une patrouille de deux hommes[2].

Pourcelot, Madec et Caron couvrent le travail du groupe de Wallerand, Navrault et Meunier qui opèrent dans le champ de mines. Cependant, Caron a dû, selon les ordres reçus, remplir une mission indépendante :

> Lorsque le premier groupe nous a quittés, je suis allé seul reconnaître un poste de mitrailleuses que j'ai trouvé abandonné depuis longtemps apparemment. J'ai dû ramper parce que j'étais sur la crête des dunes. Je suis arrivé sur un *booby trap* [mine piégée], mais le fil était simplement attaché à un poteau ; je l'ai décroché et mis dans ma poche. Je suis retourné vers mes deux camarades. À 4 heures, une patrouille allemande s'est approchée de la plage. La distance qui nous séparait était importante, et comme le maître Wallerand, Navrault et Meunier

1. Tous les propos rapportés ici par Joseph Madec sont issus de son rapport établi le 29 septembre 1944, lors de son retour à l'unité commando. Archives de Kew, Public Record Office, DEFE 2 /1074.

2. Tous les propos rapportés ici par Gaston Pourcelot sont extraits de son rapport établi dès son retour à l'unité, le 1er juillet 1944. Fonds Maurice-Chauvet, CRHQ, université de Caen.

> nous avaient quittés, j'ai pensé qu'il valait mieux ne rien faire, et j'ai donné l'ordre à Pourcelot et à Madec de se planquer[3].

Lorsque Wallerand revient, il porte deux mines antichars françaises. Mis au courant du passage de la patrouille allemande, il décide de rentrer car il ne reste qu'une heure et demie avant le rembarquement. À 4 h 45, il rappelle le doris par faisceau lumineux, la mission s'étant déroulée comme prévu. Comme le doris ne revient pas, il lui envoie un message radio codé : « Porcupine » (*Unable to contact dory* : « Incapable de contacter le doris »). Au même moment, cette communication est entendue à bord de la vedette. Le doris qui a été remonté à bord est alors immédiatement remis à l'eau pour rejoindre le rivage. Il est 5 heures du matin. Lorsqu'il apparaît, c'est la consternation : Wallerand découvre une embarcation pleine d'eau, moteur noyé et, à son bord, Park et Jones sont à la rame, accompagnés d'un marin de la vedette, le radio Chapman.

Joseph Madec poursuit :

> Le doris est venu à nous à l'aviron car son moteur était noyé, tout en embarquant une assez grande quantité d'eau. Nous avons écopé et ensuite, nous avons poussé le doris à 100 mètres de la plage en entrant dans l'eau jusqu'au cou afin d'éviter de faire déceler notre présence. Nous avons alors embarqué avec l'intention de gagner le MTB distant de 400 mètres, à l'aviron. À ce moment-là, une lame nous a pris par le travers et a rempli le doris. Le maître Wallerand est alors parti à la nage afin de rejoindre le MTB et de nous faire passer une remorque, malgré la mauvaise mer [...]. Nous avons poussé le bateau au large aussi loin que possible, et y sommes montés. Pas pour longtemps. La mer s'était levée, et deux lames l'ont fait couler. À demi nageant, à demi marchant, nous avons pu le ramener à la côte. Nous avons essayé de le retourner pour le vider, mais nous nous sommes vite rendu compte que c'était impossible. Le sergent Park a pris l'ancre

3. Tous les propos rapportés ici par le second maître Caron ont été recueillis par le lieutenant de vaisseau Guy de Montlaur dans un rapport établi en 1944 et conservé au Service historique de la défense, département Marine, TTH 2.

> et nagé aussi loin qu'il a pu pour ancrer le doris et le remettre à flot. Nous l'avons vidé de toutes les armes qu'il contenait. Alors le maître Wallerand a pris l'autre ancre et a dit : « Je vais voir ce qui se passe[4]. »

Au bout de plusieurs centaines de mètres parcourus à la nage, Wallerand disparaît dans les vagues, épuisé, vaincu par le froid. Ses hommes restés sur la plage ne le verront jamais revenir. Sans nouvelle de son chef, Joseph Madec tente pourtant, à son tour, de rejoindre la vedette :

> Je me suis décidé alors à aller moi-même jusqu'au MTB. J'ai été assez loin en mer lorsque j'ai remarqué qu'il changeait de mouillage. J'étais alors épuisé et, comme le sergent Park, patron du doris, criait dans l'eau, j'ai essayé de le rejoindre. Je n'ai pu y aboutir, étant trop épuisé, et j'ai dû regagner la plage. J'ai trouvé là le radio du doris ainsi qu'un marin du MTB, qui au départ avait embarqué dans le doris pour nous aider [...]. Vers 5 h 35, le code « Maroon » a été reçu, ce qui voulait dire que le doris avait coulé ou s'était échoué.

De son côté, la vedette tente de se rapprocher au mieux de la plage :

> Le lieutenant Clarkson approcha le MTB le plus près du bord. Une poignée d'hommes, je dirais trois ou quatre, étaient en train de nager en appelant à l'aide. Je pense que c'était les Français [...]. On pouvait discerner derrière eux un objet sombre, probablement le doris. Le groupe sur la plage, à l'aide d'une torche, envoyait des signaux en morse. Le MTB s'approcha encore jusqu'à ce que quelqu'un crie : « 5 pieds », puis s'arrêta. Le groupe de nageurs n'avait pas progressé, excepté un homme qui arrivait sur le côté. L'équipage lui lança des cordes. À cet instant, le MTB fit une embardée [...]. Le skipper demanda ce qui était arrivé au nageur et on lui répondit qu'il avait continué à dériver vers l'arrière [...]. À ce moment, aucun

4. *Ibid.*

des nageurs n'était visible, quelques cris furent entendus, une dernière fois[5].

Les sept hommes restés sur la plage ont assisté, impuissants, à la catastrophe. Pris au piège, ils doivent dès lors prendre une décision. La situation est dramatique : deux commandos, dont le chef du raid, sont portés disparus, et le matériel radio ne fonctionne plus. La vedette est repartie peu après 6 heures du matin à la fin des ultimes recherches et du balayage de la zone. Pour les commandos, le règlement est formel : en cas d'échec du réembarquement, ils doivent attendre le retour de la vedette prévu le lendemain vers 21 heures. L'équipe à terre aura jusqu'à 22 heures pour se faire repérer. Passée cette heure et sans contact avec les commandos, la vedette rejoindra alors l'Angleterre.

Les Anglais Jones et Chapman se résignent à appliquer les consignes et refusent de quitter la plage[6]. De leur côté, les cinq Français décident de s'échapper vers les terres. La vedette rapide reviendra dès la nuit suivante sur les lieux du raid, persuadée de pouvoir récupérer l'équipe de Wallerand. Mais devant l'absence totale de signe de vie, elle regagnera sa base de Douvres. À l'issue de cette opération les six Français et les trois Anglais sont par conséquent portés disparus à la date du 25 décembre 1943[7].

À Gravelines, la découverte des corps de deux commandos – Wallerand et Parks – est portée sur le registre d'état civil à la date du 31 décembre 1943[8]. Jones et Chapman seront arrêtés quelques

5. National Archives Public Record Office, DEFE 218/167 et ADM 202 /74, Appendix « K » : rapport du major Leahy sur l'opération « Hardtack 11 ».

6. Rapport de Caron, *op. cit.*

7. Public Record Office, WO 218/56, War Diary, Commando n° 10, janvier-décembre 1943.

8. Inhumés comme soldats inconnus au cimetière communal, les corps de Wallerand et du sergent Park furent identifiés après la Libération. Le registre mentionne que l'un d'eux était revêtu de l'uniforme anglais, que l'homme portait une chevalière aux initiales E. J., et enfin que l'on avait trouvé une photo de sa femme dans l'une de ses chaussures. Ce corps, celui de Wallerand, fut remis à sa famille dans la Somme. Le sergent Parks repose aujourd'hui au cimetière anglais d'Oye-Plage dans le Pas-de-Calais.

heures plus tard dans les dunes. Transférés à Boulogne, ils y sont interrogés par les Allemands avant de disparaître sans laisser de nouvelles.

Sur la plage, les cinq Français se scindent en deux groupes : Pourcelot, Navrault et Madec d'un côté, Meunier et Caron de l'autre. Le groupe de Navrault s'est réfugié dans le grenier d'une ferme avant de se séparer quatre jours plus tard. L'objectif est Saint-Omer. À la gare, Pourcelot et Navrault font route vers Hazebrouck, tandis que Madec gagne Amiens pour retrouver sa tante. Il se rend ensuite à pied vers Paris, puis chez sa sœur à Châtillon. Muni d'une fausse identité de prisonnier libéré d'Allemagne, il prend ensuite la direction d'Agen, Wallerand lui ayant laissé une adresse là-bas. Arrêté à deux reprises par les gendarmes français puis allemands, il ne parvient pas à franchir la frontière. De retour à Châtillon, il entre en contact avec la Résistance. Devant l'impossibilité de rejoindre une filière d'évasion, Madec gagne la Bretagne en février 1944 dans l'idée d'attendre des jours meilleurs pour rejoindre son unité en Angleterre *via* les filières d'évasion. À la tête d'un corps franc armé, il participera à la libération de Rosporden, du 4 au 7 août 1944, avant de réintégrer le Commando Kieffer le 14 septembre 1944.

Après Saint-Omer, Navrault et Pourcelot ont filé sur Hazebrouck, puis le lendemain vers Paris, au domicile de Navrault. Mis en contact avec une organisation de Résistance pouvant les envoyer en Angleterre, les deux hommes se séparent en attendant la filière suivante. Tandis que Pourcelot rejoint sa famille à Lyon, Navrault se réfugie dans les environs de Vichy. Rappelés à Paris au bout de quinze jours, ils attendent à nouveau leur départ vers l'Angleterre. Mais la Gestapo vient d'arrêter les principaux membres de l'organisation. Navrault et Pourcelot doivent alors fuir à Lyon. Pourcelot gagne Besançon, tandis que Navrault rejoint la Résistance et le maquis du Cantal. Navrault se réfugie dans le nord du Puy-de-Dôme où il est chargé de former et instruire une équipe FFI de sabotage. Le 15 septembre 1944, il demande à être réintégré dans les rangs des commandos qu'il retrouve en Angleterre le 27 octobre.

À Besançon, Gaston Pourcelot est devenu agent pour le service de ville contre la Gestapo entre mai et septembre 1944. Les Américains sont aux portes de Lyon. Arrêté à la mi-août pour propos anti-allemands, il est dirigé vers la prison de Besançon, puis celle de Belfort. Son identité d'ancien commando et de prisonnier évadé ne sera jamais dévoilée. De là, il est placé dans un convoi pour le camp de Buchenwald avant de rejoindre celui d'Iéna. Les troupes russes progressant de jour en jour en territoire allemand, les camps nazis doivent être transférés. Pourcelot est donc évacué à Golnitz en avril 1945, puis dans le ghetto de Theresienstadt. Se faisant passer pour un prisonnier de guerre, il embarque dans un convoi. Au terme d'un voyage de douze jours sans ravitaillement, Pourcelot arrive à Eger où les Alliés le prennent en charge. Puis il atteint Besançon le 25 mai 1945. Le 1er juillet, il retrouve son unité à Londres.

Tandis que le groupe de Madec choisissait de s'orienter vers les maisons éclairées, Caron et Meunier avaient décidé de continuer en marchant vers Saint-Omer où ils devaient être recueillis par des civils quatre jours plus tard. Parvenus chez la mère de Meunier le lendemain, les deux hommes sont mis en contact avec un groupement clandestin, espérant une filière d'évasion vers l'Angleterre. Après l'arrestation du groupe, ils se séparent. À la fin de janvier 1944, Caron se rend à Lille, y obtient de faux papiers d'identité tout en cherchant d'autres filières d'évasion. C'est à Paris qu'il se rapproche de son unité. Il y retrouve Kieffer, Meunier et les autres commandos.

Devenu réfractaire au STO, Meunier est mis en contact avec un réseau devant l'évacuer vers l'Angleterre. Transféré dans une ferme aux alentours de Mézières, il attend son rapatriement. C'est dans la capitale, où il se cache, que le groupe est arrêté par la Gestapo. Conduit à Fresnes, Meunier est transféré rue des Saussaies à Paris pour y être interrogé et torturé. Condamné à mort en juillet 1944, il est libéré le 18 août, à la veille de la libération de Paris. Meunier retrouve des éléments du Commando Kieffer de passage sur place au cours des journées de la Libération.

Ils étaient présents à chaque cérémonie du 6 juin en Normandie, aux côtés de leurs camarades bérets verts, se recueillant comme eux sur les plages et devant les monuments commémoratifs, posant avec patience devant les photographes, se prêtant avec gentillesse au jeu des dédicaces… Jamais à part, toujours ensemble. Et pourtant, contrairement à leurs camarades, ils n'avaient pas débarqué en Normandie en juin 1944. Portés disparus le 25 décembre 1943 au cours du raid dramatique de Gravelines, les commandos Joseph Madec et René Navrault étaient pourtant bien vivants le 6 juin, et tous deux avec un rôle actif dans la Résistance, l'un en Bretagne, l'autre en Auvergne. Retour sur les parcours incroyables de ces deux volontaires qui avaient tout deux 23 ans en 1944…

René Navrault (1921-2005)

© Mémorial de Caen.

René Navrault est né le 3 juin 1921 à Moulin. Après sa scolarité, il gagne Paris où il travaille pour un employé de commerce jusqu'au début de la guerre. À l'annonce de cette dernière et de la mobilisation générale, il décide de s'engager dans l'armée à 18 ans, au 149e régiment d'artillerie lourde hippomobile d'Issoire. Au moment de l'attaque allemande en mai 1940, son régiment est envoyé sur la frontière italienne près de Menton. Coupé du front, c'est là qu'il apprend la fin de la guerre et la défaite française.

Démobilisé, il retourne dans sa famille en zone libre avec le désir de quitter la France. Au début de l'année 1941, il demande à rejoindre la marine nationale. Il intègre l'École des fusiliers marins à Toulon. Après une série de stages et d'exercices à terre, il embarque pour l'Afrique du Nord à bord du cuirassé auxiliaire *Bougainville* dans des missions de ravitaillement entre Madagascar et Djibouti.

Après que son bâtiment a été coulé le 5 mai 1942 par l'aviation anglaise lors des combats pour la prise de Madagascar, il est rapatrié en Angleterre. René Navrault s'engage dans les FFL en juillet 1942. Il est affecté à l'Amirauté de Londres puis à la caserne Bir-Hakeim à Portsmouth. C'est dans le camp de Bir-Hakeim qu'il se porte volontaire pour les commandos. Après une période d'entraînement à Criccieth, au pays de Galles, c'est le départ, en mai 1943, pour le camp d'Achnacarry en Écosse.

Breveté commando à l'issue du stage, il poursuit son entraînement à Eastbourne. Au cours de l'automne 1943, il est appelé à faire partie d'un groupe de raid pour mener une opération en France occupée. Le départ s'effectue l'avant-veille de Noël, en direction des côtes françaises, mais devant l'impossibilité de débarquer, l'équipe de raid doit effectuer une deuxième tentative le lendemain. La mission est prévue à Gravelines pour reconnaître des blockhaus et des champs de mines. Une fois à terre, l'équipe ne peut rembarquer à bord du doris qui l'avait déposée à terre. Elle perd son chef, Wallerand, et un commando anglais.

Les cinq Français restés sur la plage décident alors de se séparer. Avec Madec et Pourcelot, René Navrault parvient à quitter la région quelques jours plus tard, pour rejoindre Paris en janvier 1944. Après plusieurs tentatives pour rallier les commandos en Angleterre et muni de faux papiers, il atteint l'Allier où il est mis en contact avec un groupe de résistants opérant au nord du Puy-de-Dôme.

Il participe à la création d'une équipe de sabotage et, en mai 1944, avec le groupe Raphanel, il gagne le massif de la Margeride. Il fait alors partie des 3 000 maquisards du mont Mouchet. Cest là qu'il apprend, le 6 juin, le débarquement des Alliés et du Commando Kieffer en Normandie. Il participe aux combats contre les Allemands jusqu'au 11 juin 1944, date à laquelle le maquis est attaqué. Il le quitte en août 1944 pour rejoindre Paris, avec le souhait de retrouver les commandos. De retour dans la marine, il est rapatrié en avion fin octobre en Angleterre. Il rallie finalement les commandos en Hollande au mois de novembre 1944 pour débarquer avec eux à Flessingue. Il participe aux dernières opérations du Commando Kieffer avant d'être démobilisé en décembre 1945.

Après avoir hésité à s'engager pour l'Indochine, il décide de rester en France où il fait carrière comme fonctionnaire dans le corps des Douanes.

René Navrault est décédé le 22 décembre 2005 à Évry.

Léon Joseph Madec (1921-2004)

© Mémorial de Caen.

Né le 3 avril 1921 à Quimperlé, très tôt orphelin, Joseph Madec a travaillé dur dans une ferme avant de s'engager en 1938, à 17 ans, dans la marine nationale à Brest. Embarqué sur le *Dunkerque*, il arrive à Toulon où il est affecté sur le *Paris*. Puis il rejoint le Moyen-Orient où, après Mers el-Kébir, son navire est désarmé par les Britanniques à Alexandrie.

Souhaitant rallier les FFL, il parvient à entrer en contact avec un de leurs agents, puis à s'évader d'Égypte sur un cargo anglais. Arrivé en Angleterre au début de l'année 1943 dans le port de Southampton, Joseph Madec s'engage le 12 janvier 1943 dans la France libre et les commandos au sein de la troop n° 8.

Il ne fait pas partie des 177 Français à débarquer en Normandie le 6 juin 1944. Après l'entraînement à Achnacarry, il participe dans la nuit de Noël 1943 au raid de commandos sur Gravelines. Ne pouvant rembarquer avec une partie de son équipe, il décide de se cacher en France et parvient à intégrer un réseau de Résistance en Bretagne, de février à août 1944.

En août 1944, Joseph Madec atteint le port d'Arromanches, et de là, l'Angleterre, où il réintègre le Commando Kieffer en septembre 1944. Il participe ensuite au débarquement à Flessingue et à la campagne de Hollande. Démobilisé en 1945 en Bretagne, il entre dans les services des Douanes à Concarneau, jusqu'à sa retraite.

Joseph Madec est décédé à Concarneau le 18 septembre 2004.

Liste des sigles

AMGOT : Allied Military Government Occupied Territories (Gouvernement militaire allié pour les territoires occupés)
ATS : (Women's) Auxiliary Territorial Service (Service des auxiliaires féminines de l'armée de terre)
AVF : Amis des volontaires français
BFM : Bataillon de fusiliers marins
BFMC : Bataillon de fusiliers marins commandos
DCA : Défense contre l'aviation
FFI : Forces françaises de l'intérieur
FFL : Forces françaises libres (Londres)
FNFL : Forces navales françaises libres
Gestapo : Geheime Staatspolizei (police secrète du SD et du RSHA)
HQ : Headquarter (quartier général)
LCA : Landing craft assault
LCI : Landing craft infantry (péniche de débarquement à fond plat)
MTB : Motor torpedo boat (vedette torpilleur de la Royal Navy)
PC : Poste de commandement
RDF : Radio Detection Frequency
RMC : Royal Marines Commando
RSHA : Reichssicherheitshauptamt (Office central de la sécurité du Reich)
SD : Sicherheitspolizei (Police de sûreté)
SS : Schutzstaffeln (Gardes du corps)
WRENS : Women's Royal Naval Service (WRNS appelé communément Wrens) : branche féminine de la Royal Navy
YMCA : Young Men's Christian Association

Le Commando Kieffer le 6 juin 1944

Capitaine de corvette Philippe KIEFFER

QUARTIER GÉNÉRAL
CHAUVET, Maurice, quartier-maître
DEVAGER, Fernand, matelot
GOURIOU, Olivier, matelot
NAUROIS, René de, capitaine aumônier
HATTU, Guy, second maître

UNITÉ MÉDICALE
BOLLORE, Gwenn-Aël, matelot (troop n° 1)
BOUARFA, Ouassini, quartier-maître (troop n° 8)
LION, Robert, médecin capitaine

OPÉRATEURS RADIO
BOUGRAIN, Étienne, matelot (troop n° 8)
BRIAT, Paul, second maître (HQ)
COUTURIER, Jean, quartier-maître (troop n° 8)
DENEREAZ, André, matelot (HQ)
GADOU, Robert, quartier-maître (troop n° 1)
GODARD, Louis, quartier-maître (troop n° 1)
GOUJON, René, matelot (troop n° 1)
LEGRAND, Maxime, matelot (K Gun)
RICHEMONT, Henri, quartier-maître (troop n° 1)

TRANSPORT
NASSAU DE WARIGNY, Henri de, second maître
PAILLET, Georges, second maître
RICHEN, Pierre, quartier-maître
ROUX, Robert, quartier-maître

TROOP 1
Enseigne de vaisseau Guy Vourc'h
63 hommes
ALLAIN, André, matelot
AUTIN, René, quartier-maître
BEGOT, Louis, matelot
BEUX, Bernard, quartier-maître
BOCCADORO, Pierre-Charles, second maître
BOUCHARD, Georges, matelot
BOUILLY, Julien, quartier-maître
BOURRET, André, matelot
BUCHER, Roger, quartier-maître
CABELLAN, Louis, quartier-maître
CASALONGA, Laurent, quartier-maître

CORBIN, Maurice, matelot
DECHAMBOU, René, matelot
DERRIEN, Marcel, matelot
DUMENOIR, Raymond, second maître
FAGOU, Georges, matelot
FAURE, Hubert, maître principal
FLESCH, Raymond, matelot
FROMAGER, Marcel, matelot
GABRIEL, Roland, matelot
GARRABOS, Fernand, quartier-maître
GUILLOU, Guillaume, quartier-maître
HORNY, Joseph, second maître
KERMAREC, Jean, quartier-maître
LAHOUZE, Marcel, quartier-maître
LANTERNIER, Louis, second maître
LARDENNOIS, Abel, maître
LAVENTURE, Joseph-Mathurin, second maître
LE GOFF, Jean, quartier-maître
LE MORVAN, Raymond, matelot
LE NAOUR, Joseph, second maître
LEOSTIC, Roger, matelot
LOSSEC, René, quartier-maître
MADRIAS, Roger, matelot
MAGY, Félix, quartier-maître
MASSON, Jean, matelot
MAZEAS, Jean, enseigne de vaisseau
MEUDAL, Yves, matelot
MONTLAUR, Guy de, second maître
NEVEN, Jean, matelot
NEVEN, Antoine, quartier-maître
NICOT, Joseph, matelot
NIEL, Marcel, matelot
PERRONE, Jean, matelot
PIAUGE, Robert, matelot
PICOU, Guy, matelot
PINELLI, Jean, officier des équipages
POLI, Nicolas, matelot
QUENTRIC, Yves, matelot
QUERE, Pierre, quartier-maître
RAULIN, Marcel, matelot
RENAULT, Émile, matelot
ROLLIN, Paul, matelot
ROPERT, Georges, quartier-maître
ROUSSEAU, Jean, matelot
RUPPE, Yvon, quartier-maître
SCHERER, Georges, quartier-maître
SIMON, Jean, quartier-maître
TANNIOU, Pierre, quartier-maître
VINAT, Pierre, quartier-maître
VINCENT, Michel, matelot
ZIVOHLAVA, Otto, quartier-maître

TROOP 8
Officier des équipages Alexandre Lofi
69 hommes

ARCHIERI, Albert, matelot
BAGOT, André, officier des équipages
BALLARO, Noël, quartier-maître
BARBE, Maurice, second maître
BERNARD, André, quartier-maître
BIESTRO, Jean, quartier-maître
BOULANGER, Robert, matelot
BRIAND, Gaston, matelot
CAILLE, Maurice, matelot
CEVOZ-MAMI, Jean, quartier-maître
CHAUSSE, Paul, maître
CHOUTEAU, Paul, quartier-maître
COPPIN, Daniel, matelot
CROIZER, Robert, quartier-maître
DORFSMAN, Henri, quartier-maître
DUCASSE, Roger, matelot
DUPONT, Alexandre, matelot
ERNAULT, Pierre, quartier-maître
FOLIOT, André, quartier-maître
FOUGERE, Robert, matelot
FOURER, Lucien, quartier-maître
GALTON, Jack, matelot
GANNAT, Marcel, quartier-maître
GAUTIER, Léon, quartier-maître
GICQUEL, Georges, matelot
GRAIL, Albert, matelot

GRISPIN, Félix, matelot
GUIDICELLI, Pierre, matelot
GUILCHER, Joseph, quartier-maître
GUINNEBAULT, Eugène, matelot
GUYADER, Jacques-Noël, matelot
HOURÇOURIGARAY, Joseph, second maître
HULOT, Léopold, aspirant
JOVENIN, Raymond, second maître
JUNG, Armand, matelot
KLOPFENSTEIN, Frederic, maître
LAFFONT, Jean, quartier-maître
LAOT, Guy, matelot
LAVEZZI, Michel, maître
LECHAPONNIER, Henri, quartier-maître
LE FLOCH, Maurice, matelot
LE RESTE, Pierre, matelot
LE RIGOLEUR, Albert, matelot
LESCA, Robert, matelot
LETANG, Jean, quartier-maître
LOGEAIS, Michel, second maître
MALER, André, matelot
MARIACCIA, Paul, second maître
MASSIN, Roger, matelot
MESSANOT, Georges, second maître
MOAL, Jean-François, second maître
MOGUEROU, Robert, matelot
MONTEAN, Jean, matelot
MOREL, Jean, quartier-maître
OLHIGER, Richard, matelot
PLANCHER, Jules, matelot
PREVOST, Pierre, matelot
REIFFERS, Jean-Marie, matelot
RIVEAU, Marcel, matelot
ROELANDT, André, second maître
ROUGIER, Marius, matelot
ROUXEL, Marcel, quartier-maître
SENEE, Jacques, second maître
STRINA, Robert, matelot
THUBE, Marc, second maître
TROYARD, Eugène, matelot
VOURC'H, Francis, officier des équipages
WALLEN, Henri, matelot

K GUN TROOP

Lieutenant Pierre Amaury

23 hommes

ANDRIOT, François, matelot
CARTIER, André, second maître
COSTE, Georges, second maître
DANSON, Louis, matelot
DEMONET, Paul, quartier-maître
GERY, Marcel, matelot
GESREL, René, matelot
GUEZENNEC, Francis, matelot
GUIVARCH, Jean, matelot
GUY, Émile, matelot
HUBERT, Augustin, aspirant
LABAS, Marcel, matelot
LE BRIS, Jean, quartier-maître
LEMOIGNE, Jean, quartier-maître
MONCEAU, Yvon, matelot
PETERS, Félix, matelot
PIRIOU, Jérôme, quartier-maître
PRIEZ, Jean, matelot
RAVEL, Marcel, matelot
ROSSEY, René, matelot
SAERENS, Robert, second maître
VALENTIN, Charles, matelot

Pour aller plus loin

J'ai vécu le débarquement en Normandie. Témoignages de Ted Liska, Johannes Börner, Léon Gautier, recueillis par Pierrette Rieublandou, Montrouge, Bayard Jeunesse, coll. « J'ai vécu », 2004.

BOLLORÉ, Gwenn-Aël, *J'ai débarqué le 6 juin 1944. Commando de la France libre*, Paris, Cherche Midi, 1994.

CHAUVET, Maurice, *Fusilier marin commando de la France libre (1940-1944)*, Triel-sur-Seine, Éditions italiques, 2004.

FAURE, Hubert, témoignage cité *in* CADROAS, Pierre, *Résistances. Chroniques de l'histoire (1939-1945). Mémoires du commandant Hubert Faure*, Rennes, Presses de la Double, 2005.

GAUTIER, Léon et LETERREUX, Frédéric, *Mon Débarquement*, Malakoff, Éditions City, 2023.

GOUJON, René, *Le Jour J au Commando n° 4. Les Français du Débarquement*, Paris, Nouvelles Éditions latines, 2004.

HATTU, Guy, *Un matin à Ouistreham (6 juin 1944). Témoignage d'un Français libre*, Paris, Tallandier, 2014.

KIEFFER, Philippe, *Béret vert*, Paris, France Empire, coll. « Mers et outre-mer », 1948 [rééd. 1962, 1969].

MASSIEU, Benjamin, *Philippe Kieffer, chef des commandos de la France libre*, Paris, Pierre de Taillac, 2018.

NAUROIS, René (DE), *Aumônier de la France libre*, Paris, Perrin, 2004.

SIMONNET, Stéphane, *Commandant Kieffer. Le Français du Jour J*, Paris, Tallandier, coll. « Texto », 2018.

SIMONNET, Stéphane, *Les 177 Français du jour J*, Paris, Tallandier [nouvelle éd.], 2019.

TANGUY, Jean-Marc, *Commando Kieffer. Les 177 Français du D-Day*, Paris, Albin Michel, 2014.

Remerciements

Je ne remercierai jamais assez les vétérans et leur famille qui m'ont ouvert leur porte durant toutes ces années et qui ont accepté de me confier leurs souvenirs, leurs émotions, et une partie de leur intimité. Je dois également beaucoup à mes éditrices Dominique Missika et Maëva Duclos qui, comme toujours, ont su me guider dans l'écriture de ce nouvel ouvrage. Un grand merci à Stéphane Grimaldi, directeur du Mémorial de Caen, et à Marie-Claude Berthelot, chargée des archives du musée, qui m'ont facilité l'accès et la mise à disposition de ces témoignages. Enfin, une mention particulière pour Christian Maujean et un certain Paul – qui se reconnaîtra – pour avoir partagé avec moi ces heures d'écoute et de retranscription de ces vingt-deux entretiens. Je sais qu'ils se souviendront longtemps l'un et l'autre de cette expérience un peu particulière.

Table des cartes

Table

Réalisation : Nord Compo à Villeneuve-d'Ascq
Impression : CPI Firmin-Didot en mai 2024
N° d'impression : 179568
Dépôt légal : mai 2024
ISBN : 979-10-210-6254-2
Numéro d'édition : 5050
Imprimé en France